齐 鲁 文 化 与 治 国 安 邦 ｜ 张文珍 王凤青 主编

齐鲁文化中的
选贤任能

赵荣耀 王庆婷 著

人 民 出 版 社

目　录

绪 论

千秋基业，人才为本。人才，是强国之根本，是社会进步、经济发展的重要推动力。中国自古以来就有尊贤重贤的优良传统，认识到人才对于国家兴衰的重要性。从古代先贤的言论行为中，我们可以窥见这一思想的光芒。

《礼记·中庸》说："文武之政，布在方策。其人存，则其政举；其人亡，则其政息。"好的政令有贤人在就能施行，如果贤人不在了，政令就会出现废弛的现象。所谓"大道之行也，天下为公，选贤与能，讲信修睦。"(《礼记·礼运》)在大道施行的太平盛世，天下是人们所共有的，品德高尚的人、有才干的人被选拔出来治理天下，同时人们之间讲究信用，和睦相处。韩非子提出"贤能之士进，则私门之请止矣"(《韩非子·人主》)，在他看来，贤能之士的出现会有效遏制私人利益的干扰，这是一个国家公正和进步的显现。司马迁在《太史公自序》中言"士贤能而不用，有国者之耻"，在他看来，贤能被视作国家之宝，如果贤才被闲置不用，会成为统治者的一大耻辱。唐太宗曾说:"为政之要,惟在得人,用非其才,必难致治。"(《贞观政要·崇儒学》)《旧唐书》中也说:"设官分职,选贤任能,得其人则有益于国家,非其才则遗患于黎庶。"(《旧唐书·食货志上》)北宋司马光在《资治通鉴》中提到"士者,国之重器;得士则重,失士则轻",强调了人才对于国家的重要性。明代开国皇帝朱元璋说,"举贤任才,立国之本"(《明通鉴》卷一),"贤才不备,不足以为治"(《明史·选举志》)。以上都强调了高明的执政者把既有品德又有才能的人发掘出来、加以任用的重要意义。

"任人唯贤，选贤与能"是中国古代史治的精髓。纵观中华历史，凡是中国历史上稳定繁荣、国力强盛的盛世，都是人才济济、群英荟萃的阶段，例如汉武帝、唐太宗时期；反之，一旦人才选任机制不畅，俊彦"匮乏"，必然国力衰弱，亡国在即了。此外，还有"得贤则昌，失贤则亡""人才难得而易失，人主不可不知之"等古训，都深刻揭示了人才对于国家长治久安的关键作用。

　　齐、鲁两国作为中华优秀传统文化的重要发源地之一，自西周初年立国起，就形成了重视人才的传统。齐国开国君主姜太公确立了尊贤尚功的治国方略，"修道术，尊贤智，赏有功"（《汉书·地理志》）。此后，历代齐国君主一直沿用这一方略并将其发扬光大，齐国从一个僻居东方的小国发展成为"膏壤二千里"的泱泱大国。鲁国的缔造者伯禽的父亲周公旦更是礼待士人，《史记·鲁周公世家》中说他"一沐三捉发，一饭三吐哺"，为了接见贤才，洗头、吃饭可以随时停下，足见对贤才的重视。也就是为了接见贤才，即使洗头、吃饭时也经常停下多次。这为后世作出了表率。春秋战国百家争鸣，诸子各家思想学说也大都有尊重人才、善于用人的主张。孔子强调"人"之于"政"的根本性，他强调"为政在人""尊贤为大""尊贤则不惑"，尤其重视贤人的价值。墨家尚贤，墨子主张"尊尚贤而任使能"，而且是不分社会地位贵贱高低，贤能最重要。《孙子兵法》中更蕴含了丰富的用人智慧，甚至成为现代中外高级管理人才培训的必读教材。诸葛亮在《便宜十六策·举措》

中提出："治身之道，务在养神；治国之道，务在举贤。是以养神求生，举贤求安。""国危不治，民不安居，此失贤之过也。夫失贤而不危，得贤而不安，未之有也。"他认为，治国的主要方法就是任用贤才，失掉贤人国家就危亡，得到贤人国家就安定。

"任官惟贤材，左右惟其人。"（《尚书·咸有一德》）任人唯贤、选贤与能的思想为后世创立察举制、科举制等人才选拔制度提供了思想基础。

在古代，"贤"与"能"意思不同。

贤，《说文解字》解释："贤，多才也，从贝，臤声，胡田切。"《说文解字义证》又说："贤，多才也者。""贤"的本义为"多才"。西周以后，"道德"逐渐成为其核心的义项，代表了高尚的品质和道德标准，如贤明、贤德、贤良等。因此，贤能之人首先应具备优秀的道德品质，如诚信、正直、仁爱等。

能，《说文解字》解释："能，熊属，足似鹿，从肉，目声，能兽坚中，故称贤能，而强壮，称能杰也。凡能之属皆从能。"最初"能"指的是一种足似鹿的熊属动物，而后来衍生出才能之意。

东汉学者郑玄注解《周礼》说："贤，有德行者。能，多才艺者。"（《周礼注疏》卷二）在《论语·子路》篇孔子提出"举贤才"的主张，朱熹注解说："贤，有德者。才，有能者。举而用之，则有司皆得其人而政益修矣。"《孟子·公孙丑上》记载："贤者在位，能者在职。"此处孟子对贤能作了区分，朱熹注曰："贤，有德者，使之在位，则足以正君而善俗。能，有才者，使之在职，则足以修政而立事。"（《论语集注·子路第十三》）朱熹归纳孔孟的思想，指出贤能即是德才兼备者。所谓选贤任能，即是推举德才兼备之人。

贤能之人是高尚品德与良好学术修养的化身。贤是道德的标准，能是才干的标准。因此，贤能之人不仅要有高尚的品德，还需要具备实际的工作能力和解决问题的能力。被称为贤能之人的需具备以下素养：

一是品德高尚。贤能之人首先应具备高尚的道德品质，如诚实守信、正直无私、仁义友爱、清正廉洁、谦虚谨慎等。这些品德是他们赢得他人尊重和信任的基础，也是他们能够在社会中发挥积极作用的重要保证。

二是才能出众。贤能之人应具备出众的才能和本领，具有渊博的知识、卓越的智慧等。这些才能可体现在专业技能、领导力、创新思维、组织协调能力等多个方面。他们能够以卓越的能力和智慧为组织或社会作出贡献，推动其不断发展和进步。

三是德才兼备。贤能之人最显著的特点就是德才兼备。他们不仅品德高尚、才能出众，而且能够将这两方面的优势有机地结合起来，形成独特的个人魅力和影响力。这种魅力和影响力能够激励他人、感召他人，为实现共同的目标而努力。

四是社会贡献。贤能之人通常能够在社会中发挥积极的作用，为国家或社会的发展和繁荣作出贡献。他们可能担任重要的职务，制定国家发展策略，也可能在某些专业技术领域取得显著成就，推动科技进步。他们的思想和行动，能够推动整个社会前进，同时也能够激励后人不断学习和进取。

在历史长河中，贤能之士一直是推动社会进步和发展的重要力量。他们以自己的品德和才能赢得了人们的尊敬和敬仰，也为后人树立了光辉的榜样。在现代社会中，我们依然需要大力培养和选拔贤能之士，为国家的繁荣富强和民族的伟大复兴提供坚实的人才保障。

一、尊才：尊贤任能的治国思想

国以人兴，政以才治，选贤任能事关国家的前途命运。选贤任能以尊重人才为根基。

（一）尊贤思想

"尊贤"即唯贤人是用，不计较出身高低，只要能力高强且有一定的道德水准，便加以尊重和任用。尊贤是中国古代文化的一个重要主题，比如诸葛亮就曾说："治身之道，务在养神；治国之道，务在举贤。是以养神求生，举贤求安。"他认为："国危不治，民不安居，此失贤之过也。夫失贤而不危，得贤而不安，未之有也。"（《便宜十六策·举措》）治国的主要方法就是任用贤才，如果失掉贤人国家就危亡，而得到贤人国家就安定，这是必然的。尊贤思想在齐鲁文化中尤其鲜明。

1.姜太公："尊贤尚功"

姜太公封齐以后，凭借政治改革家的智慧、胆识，从实际出发，把殷商时代东夷族的习俗及文化传统与西方新兴的姬周集团的政风、制度加以融合，采取了"因其俗，简其礼"的治国方略，依靠"尊贤智，赏有功"的用人方针，搜罗了大批东夷部族中的贤能人士，扩大了统治基础，充实了统治力量，使齐国新生政权得以迅速建立并得到了初步巩固。此举打破了西周以血缘关系为基础的"尊尊亲亲"的正统思想束缚，把用人提升到了事关国家兴亡的高度。

《吕氏春秋·长见》载："吕太公望封于齐，周公旦封于鲁，二君者甚相善也。相谓曰：'何以治国？'太公望曰：'尊贤上功。'周公旦曰:'亲亲上恩'。"

《汉书·地理志》也有记载:"初太公治齐,修道术,尊贤智,赏有功,故至今其土多好经术,矜功名,舒缓阔达而足智。"

尊贤、举贤、用贤是姜太公的一贯主张。《六韬·文韬》中的"上贤""举贤"两篇集中表现了姜太公重贤、上贤、选贤、举贤的圣贤治国论。上贤,就是尊重德才兼备的人。《六韬·文韬·上贤》篇中记载,文王问太公:"作为君主,应当尊崇什么人,抑制什么人,任用什么人,除去什么人?应该严禁什么事,制止什么事?"太公回答说:"王人者上贤,下不肖,取诚信,去诈伪,禁暴乱,止奢侈。"太公认为作为君主,应该尊崇德才兼备之人,抑制无德无才之辈,任用忠诚信实之人,除去奸诈虚伪之徒,严禁暴乱行为,制止奢侈风气。唯有如此,才能治理好国家。他甚至提出"得贤将者兵强国昌,不得贤将者兵弱国亡"(《六韬·龙韬·奇兵》),将"得贤将"与否提升到了国家兴亡的高度。

姜太公认为"尊贤""上贤"贵在"用贤"。因此,"尊贤"不是只给予表面上的尊重,而是要用其"实"。姜太公主张按政绩选用官吏,举贤任能,唯才是举。"按名督实,选才考能,令实当其名,名当其实,则得举贤之道矣。"如果上贤、举贤而不任贤、不用贤,亦只是有名无实,这种停留在表面上的东西是不会产生效果的,甚至会使国家危亡。《六韬·文韬·举贤》:"太公曰:'举贤而不用,是有举贤之名,而无用贤之实

《六韬》残简（齐文化博物院藏）

也。'文王曰：'其失安在？'太公曰：'其失在君好用世俗之所誉，而不得真贤也。'"

姜太公的尊贤思想与其民本思想一脉相承。《六韬》中有姜太公的名言："天下非一人之天下，乃天下之天下也。同天下之利者则得天下，擅天下之利者则失天下。"在姜太公看来，既然天下不是君主一个人的天下，是大家的天下，那么齐国也就不是姜太公一个人的齐国，而是所有齐国人的齐国。既然齐国是齐国人的齐国，那么治理齐国也不仅仅是君主一个人就能办到的，需要所有齐国人共同参与；而让所有齐国人共同参与治理齐国，就要把齐国人中的优秀人才选拔出来，量能授官。怎么才能把齐国人中的优秀人才选拔出来呢？很明显，必须推行"尊贤尚功"的基本国策。这一用人政策主要表现为不计出身，唯才是举；以功为尚，不重名分。

尊贤的同时，姜太公也提出作为君主必须剔除"伤贤、蔽贤、嫉贤"的思想。要君主尊重贤才、爱惜贤才、任用贤才。他告诫统治者："伤贤者，殃及三世；蔽贤者，身受其害；嫉贤者，其名不全。"他还说："进贤者，福流子孙，故君子急于进贤，而美名彰焉。"（《三略·下略》）在具体用人上，姜太公还提出了需要警惕和注意的事项：其一，"君用佞人，必受祸殃"，不要用那些奸佞之徒，否则必受其害；其二，不要用那些"内贪外廉，诈誉取名"者，因为这些人内心贪婪又沽名钓誉；其三，切忌用"窃公为恩，令上下昏"的人，因为这些人假公济私，欺上瞒下；其四，谨防那些"背公立私，同位相讪"的人，因为这些人为了私利互相诽谤拆台；其五，反对用那些"群吏朋党，各进所亲"的人，因为这些人拉帮结派，用人唯亲；其六，反对那些"招举奸枉，抑挫仁贤"的人，因为这些人纵容坏人，打击排挤贤人（《三略·上略》）。

姜太公确立"尊贤尚功"的人事制度，打破了民族、阶层、行业、地域等界限，广招天下贤能，对齐国的发展起了重要作用，迅速改变了齐国"辟草莱而居""少五谷而人民寡"（《汉书·地理志》）的落后面貌。它不仅激励人们去为国立功，更重要的是使齐国形成了一种尊重人才的良好政治风气。在齐国历史上人才辈出，管仲、晏婴、田穰苴、邹忌、淳于髡、孙膑、宁戚、田单等，他们有许多出身寒微，出于乡间。稷下学宫更是人才济济，百家争鸣，仅宣王赐为上大夫者就达76位。

这一现象的出现，实际上是齐国重视人才的具体表现，追溯其始，则是姜太公"尊贤尚功"的遗泽。①

2. 管仲："远举贤人"

管仲是春秋时期伟大的政治家、战略家。他出任齐国宰相后，对内推行各种改革，对外执行"尊王攘夷"的政策，选贤任能，使得齐国众多有志向、节义高迈之士甘愿为国效力，使齐桓公成为春秋时期的第一个霸主，使齐国称雄于一时。姜太公的"尊贤尚功"重在提拔那些德才兼备且有功劳的人，而管仲把"尊贤尚功"的人才路线推向了新的高度。他继承发展了太公的功业，把齐国推向了鼎盛。

🔗 **知识链接**

尊王攘夷

这一理念最早见于《春秋公羊传》，原指尊奉周天子为天下共主，抵御北方游牧民族（如山戎）和南方楚蛮的入侵，以维护华夏文明的存续。随着周平王东迁（公元前 770 年），周天子权势衰微，诸侯割据混战，外族趁机侵扰边境，华夏面临严峻危机。在这一时期，齐桓公在管仲辅佐下，通过内政改革、经济振兴和军事强化，使齐国迅速崛起。面对外族威胁，

---

① 仝晰刚、李梅训主编：《齐鲁文化通俗读本》，山东人民出版社 2011 年版，第 45 页。

管仲提出"尊王攘夷"的战略：表面上尊崇周天子，实则以"诸侯长"身份代行王命，联合诸侯击退山戎对燕国的进攻，遏制楚国北扩势头。这一策略既师出有名，又强化了齐国的霸主地位，使其得以"挟天子以伐不臣"，成为春秋时期首个通过"尊王"实现"攘夷"的典范。在此背景下，"尊王攘夷"逐渐超越单纯的军事防御，成为凝聚华夏诸侯、重建秩序的政治号召。

什么是"贤"？《管子》中说，"言大人之行，不必以先帝，常义立之谓贤。"（《管子·宙合》）"大失在身，虽有小善，不得为贤。"（《管子·形势解》）"道术德行，出于贤人。"（《管子·君臣下》）这三句是其论贤标准的主要方向。根据这些标

管仲墓

准授官任事，《君臣上》说："论材量能谋德而举之，上之道也。""从春秋战国到秦朝，'贤'字由最初含义为力气大、财多、技能高超，逐渐引申出才能、德行的含义"[1]。《管子》对"贤"的概念与范围，有着较为显见的清晰化，除了兼具才能之意外，开始加入德行要求，在思想上是一种进步和突破，意味着当时在治理过程中有了更多的实践和经验。[2]

尊贤是治国的必然选择。管仲从王朝兴亡盛衰的巨变革新中，看到了选才用贤的重要作用。他认为，治理国家，选贤任能是最重要的，人才是治理国家、发展生产、创造未来的基础，而今诸侯国之所以混乱，关键是诸侯国君没有得到贤才的辅佐。"夫争天下者，必先争人。明大数者，得人；审小计者，失人。得天下之众者王，得其半者霸。"（《管子·霸言》）《五辅》中提出："论贤人，用有能，而民可使治"是"明王之务"。《幼官》言："尊贤授德，则帝"，"信赏审罚，爵材禄能，则强"。他提出，举用贤才，关乎国本，"古之圣王，所以取明名广誉，厚功大业，显于天下，不忘于后世，非得人者，未之尝闻。暴王之所以失国家，危社稷，覆宗庙，灭于天下，非失人者，未之尝闻"（《管子·五辅》）。"闻贤而不举，殆。"（《管子·法法》）"举贤良，而后可以废慢法鄙贱之民。"（《管子·中匡》）贤才

---

① 钟海连、黄永锋：《贤文化经典选编释读》，九州出版社 2020 年版，第 2 页。

② 曾向东、钟海连主编：《中国传统智慧与企业社会责任》，东南大学出版社 2021 年版，第 413 页。

能否使用，是国家文明程度的彰显，最大的礼，"远举贤人，慈爱百姓，……此为国之大礼也"（《管子·中匡》）。

管仲看到了贤良之才在治国安民中的重要作用。他在论述君主治国安邦时，不仅强调要依靠个别特别贤能之士的智慧，而且还强调必须任用众多的贤能之士，依靠众贤群策群力。他看到每个人的精力都是有限的，认为国君要从总体上把握大局，具体事情就必须任贤选能，如果事必躬亲，因为智力、能力均达不到，必将引起混乱。"明主不用其智，而任圣人之智；不用其力，而任众人之力。故以圣人之智思虑者，无不知也；以众人之力起事者，无不成也。能自去而因天下之智力起，则身逸而福多。"（《管子·形势解》）反之，"乱主独用其智，而不任圣人之智，独用其力，而不任众人之力，故其身劳而祸多。"（《管子·形势解》）管仲由此得出了结论："独任之国，劳而多祸"，"备长在乎任贤。"（《管子·形势解》）

由于管仲看到了选贤任能的重要意义，因此，他坚决要求执政者必须在尊贤用能、招揽人才上下大功夫，"求天下之精才"，"收天下之豪杰，有天下之称才。"（《管子·幼官》）只有执政者尊贤重能，选才用人，才能使国家的人才张袂成阴，挥汗成雨，比肩接踵，造成"济济多士"的局面，君主只有把众多品德高尚，又能为百姓信赖和拥护的贤士团结在自己的周围，充分发挥他们的聪明才智，才能建立大功大业。

3. 晏婴："举贤以临国"

晏婴从政五十余年，任相四十年，先后辅佐齐国三代君主，却能"显于诸侯"，史称"景公中兴"。西汉史学家司马迁曾说："假令晏子而在，余虽为之执鞭，所忻慕焉。"（《史记·管晏列传》）崇敬之情，溢于言表。其他先秦两汉典籍如《左传》《墨子》《吕氏春秋》《淮南子》《说苑》《新序》《论衡》中也有不少关于晏子选贤任官的记载。

晏婴提出："举贤以临国，官能以救民"（《晏子春秋·内篇问上》）。《晏子春秋》载齐景公问晏子怎样寻找善于监国治理民众的人。晏子回答说："举荐贤人治理国家，选拔有才能的官员整顿民众，就是治国的正道。举荐贤人和选拔有才能的官员，民众就能顺从。"晏婴认为选贤任能是治理国家的正确方法，能否选贤任官关系着国家的兴亡。因此要治理好国家，没有大批的贤能之士是根本办不到的。他曾总结齐桓公得以称霸诸侯的历史经验："先君见贤不留，使能不怠，是以内政则民怀之，征伐则诸侯畏之。"（《晏子春秋·内篇问下》）从晏婴的言论中可以看出，"举贤任能"是治理国家的根本，对人才要做到知之、用之、任之。

晏婴在治国实践中深刻地认识到：贤才对兴国、强国所起的作用是巨大的。用贤，国则兴；不用贤，国则衰。因此，他旗帜鲜明地提出"国有三不祥"："夫有贤而不知，一不祥；知而不用，二不祥；用而不任，三不祥也。"（《晏子春秋·内篇谏下》）晏子认为，要实施爱民的治国之策，必须任用贤人。《晏子春秋·内篇问上》载景公问贤君治国，晏子回答说："其政任贤，其行爱民。"他还用齐桓公任贤和用佞的历史经验教训，说明用贤对治国的重要性。《晏子春秋·内篇谏上》载齐桓公任贤则"民乐其政而世高其德，行远征暴，劳者不疾，驱海内使朝天子，而诸侯不怨"，用佞臣"竖刁，是以民苦其政，而世非其行，故身死乎胡宫而不举，虫出而不收"。晏婴旗帜鲜明地提出，君主一人的精力和能力是有限的，治国理民主要靠百官，官吏的好坏关系着国家的兴亡。

4. 孔子："选贤与能"

孔子创儒家学派，力倡"举贤才"，形成比较系统的尊贤思想，而他的私学教育实际就是一种培养贤才的实践。

《礼记·礼运》篇有关于大同社会的记载，孔子口中描绘的人类社会的美好景象是这样的："大道之行也，天下为公，选贤与能。讲信修睦，故人不独亲其亲，不独子其子，使老有所终，壮有所用，幼有所养，矜寡孤独废疾者，皆有所养，男有分，女有归。货恶其弃于地也，不必藏于己；力恶其不出于身也，不必为己。是故谋闭而不行，盗窃乱贼而不作，故外户而不闭，是谓大同。"这段文字历来被视作孔子的理想国蓝图，"选贤与能"被认为是孔子期许的贤人政治理想。

虽然《论语》全书"贤"字仅出现 18 处，有的还不是作为"贤能"义使用，但尊贤任能思想是《论语》的一个贯穿主线，孔

孔子画像

子仁学以成圣为最高目标，落实到社会层面则以"成治"为政治理想，"成治"的关键就在于贤能者在位，孔子教育弟子几乎皆是以成贤才为要义。

孔子的尊贤思想与其教育实践活动密不可分，其私学教育的核心目标就是以培养贤才为鹄的。他首倡"有教无类"理念，大规模兴办私学，打破了学在官府的局面，促进了教育的平民化和普及化，使得更多的人拥有充分发展潜能的机会。孔子私学教育的目的就是培养能从事国家政务的贤能之士，提倡"举贤才""礼贤下士"正是基于"为政在人"的政治立场。在积极从政失败后，全心致力于以六经教育弟子，培养能出仕为政在上位的君子贤人。他一生孜孜好学以求，且"诲人不倦"，门下弟子众多，有三千之众，更难能可贵的是培养出了一批世所公认的杰出学生，即号称七十二贤的卓越弟子，这些弟子出身多为贱人、鄙家、商贾子弟，他们在孔子门下通过"学"以成贤，成为当时社会所需要的人才。

知识链接

学术官守

西周王朝（约公元前 1046—前 771 年）实行的学术与教育垄断制度，即学术知识、教育权力及文化典籍由官府统一掌控，官员（贵族）兼任知识传承者与管理者，形成"学在官府""官师合一"的体制。西周推行宗法制与分封制，文化教育服务于政治统治，知识被视为贵族的特权资源，平民（"庶人"）无权接受系统教育。而此时的学术基本上依附于职官体系，不同官职掌握特定领域的知识与技术（如史官掌历史、卜巫掌占卜、乐官掌礼乐）。作为典籍如《诗》《书》《礼》《乐》等文献则由王室或诸侯国官府保存，民间无独立学术传播渠道。随着西周衰落，官学崩溃，学术下移，私学兴起（如孔子开平民教育），知识垄断被打破。汉代太学、隋唐科举等制度仍可见"学术官守"的遗风，但逐渐走向开放。

孔子反复阐发贤能对为政者的重要意义。当其弟子仲弓为季氏宰，问他如何为政，孔子说："先有司，赦小过，举贤才"（《论语·子路》）。在他看来，"举贤才"是施政的重要内容和条件。无论是季氏这样卿大夫的"家政"，还是公室、王室之政，其治理的邑、国与天下，都应注重贤才的举用。《史记·孔子世家》中的一段记载同样反映出孔子尊贤重贤的思想：齐景公问孔子曰："昔秦穆公国小处辟，其霸何也？"孔子回答："秦国虽小，其志大，处虽辟，行中正。身举五羖，爵之大夫，起累绁之中，与语三日，授之以政。以此取之，虽王可也，其霸小矣。"孔子认为秦国虽然国家小偏僻，但是重视贤才，发掘被拘囚的五羖大夫百里奚，并重用授政，称霸是小事情，称王都是可以的。当子路问孔子如何治国时？孔子说："在于尊贤而贱不肖。"

鲁哀公向孔子请教治国理政的道理，他问："做什么才能让老百姓乐于服从呢？"孔子回答说："举直错诸枉，则民服；举枉错诸直，则民不服。"在孔子看来，把正直的人提拔起来，放在奸邪的人之上，百姓就乐于服从；若是把奸邪的人提拔起来，放在正直的人之上，百姓就不服了。

因此，当学生樊迟向孔子请教什么是"智"时，孔子回答说："善于识别人才。"樊迟对此不太理解，孔子又进一步提出要"把正直的人提拔起来放在奸邪的人之上"。樊迟还是不太理解，就拿孔子的话去问同学子夏。子夏说："富哉言乎！舜有天下，选于众，举皋陶，不仁者远矣。汤有天下，选于众，举伊尹，不仁者远矣。"舜有了天下，在众人之中挑选贤人，将皋陶提拔起来，那些不仁义的人就自然远离了；商汤有了天下，在众人之中挑选贤人，提拔了伊尹，不仁义的人也自然远离了。孔子和子夏的意思很明白：要想做尧、舜、禹、汤那样的圣明君主，把国家治理好，那就要亲近重用正直的人，而疏远奸邪的人。

这里所说的"直"即贤才，"不肖""枉"即是邪佞小人。

概而言之即是任人唯贤，要亲贤人，远小人。

5.墨子："尚贤"

战国思想家墨子较早地提出了尊贤用贤是为政之本的思想。《墨子·尚贤上》开篇便言明了"尚贤"的原因和重要性。在墨子看来，当政者必须以任用贤能之士作为国家政务的根

墨子纪念邮票

本任务，因为"国有贤良之士众，则国家之治厚；贤良之士寡，则国家之治薄"（《墨子·尚贤上》），国家只有拥有众多的贤良之士，国家安定的基础就会雄厚，反之，如果当为政者不能"以尚贤事能"，那么国家就会贫穷暴乱、民不聊生。因此，墨子直接提出"大人之务，将在于众贤而已"（《墨子·尚贤上》），实现富国强民的根本方法就是广招贤士，使其为国家所用。他又说："如果想继承尧、舜、禹、汤四位仁君的治国之道，就不可以不尊贤用贤。尊贤用贤，是为政之本啊！"尧、舜、禹、汤这四位帝王的共同特点是尊重贤人，共同做法是选贤任能。所以墨子说，要想学习他们的治国之道，就是要尊贤用贤，这才是处理国政的根本。

就"贤"的内涵而言，墨子所言之"贤"与姜太公、管子、孔子等所说的"贤"又有所不同。墨子认为"贤良之士"就是"厚乎德行，辩乎言谈，博乎道术"（《墨子·尚贤上》）的人。也就是说，"贤"之标准主要包括三个方面：一是"厚乎德行"，即品德高尚；二是"辩乎言谈"，即善于表达；三是"博乎道术"，即学识渊博。根据对《墨子》全书"德"含义的考察，墨子所言之"德"主要表现为兼爱（无等差的爱）、节俭（"节用""节葬""非乐"）、守纪奉公（"行天下之利，除天下之害"）和恪守诚信（"口言之，身必行之"）四个方面。

墨子认为，"贤"者还需要有"功"。在他看来，把爵位、俸禄、权力这三种东西给贤人，并不是要对他们进行赏赐，而是希望他们把事情办成。因此，要根据德行任官，根据官职授权，根据功劳定赏，依据每个人的功劳而赐予禄位，即"量功而分禄"（《墨子·尚贤上》）。基于此，为官之人不会永远富贵，而民众也不会永远贫贱。有能力的就任用他，能力不足的就罢免他，"举公义，辟私怨"说的就是这个意思。由此可见，墨子所说的贤者，不仅要德才兼备，还应具备将自身才能应用到工作中的实践能力以及一定的功绩。

6. 孟子："尊贤使能"

孟子继承孔子思想，认为国家治理的关键在于尊贤用能，他直白提出："不用贤则亡"（《孟子·告子下》），要求君主"急亲贤之为务"（《孟子·尽心上》），将亲近贤人作为第一要务，主张"尊贤使能，俊杰在位"（《孟子·公孙丑上》），使"贤者在位，能者在职"（《孟子·公孙丑上》），并借用历史事实来说明："虞国不用百里奚而亡，秦穆公用之则霸"（《孟子·告子下》）、"汤之于伊尹，学焉而后臣之，故不劳而王；桓公之于管仲，学焉而后臣之，故不劳而霸"（《孟子·公孙丑下》）。百里奚曾为虞国大夫，但虞国国君爱财如命，对他的劝谏置之不理，后被晋国所灭。秦穆公闻百里奚贤，派人以五张羊皮换回，委以重任，内修国政，外图霸业，使秦国成为春秋五霸之一。孟子从正反两方面的史实与经验教训，都印证着任用贤才之于国家兴亡的重要性。

尊贤用能的前提是有"贤"可用。因此，孟子认为招贤用贤是君主的基本责任。孟子提出"尧以不得舜为己忧，舜以不

山东邹城孟庙亚圣殿

得禹、皋陶为己忧。夫以百亩之不易为己忧者，农夫也。分人以财谓之惠，教人以善谓之忠，为天下得人者谓之仁。是故以天下与人易，为天下得人难。"(《孟子·滕文公上》)孟子认为，尧把得不到舜这样的人作为自己最为忧虑的事，舜把得不到禹和皋陶这样的人作为自己最为忧虑的事。因为自己的田地种得不好而忧虑的，那是农夫。把钱财分给别人叫作惠，教人去做善事叫作忠，为天下找到贤人叫作仁。所以说，把天下让给别人比较容易，为天下找到贤人就比较难了。因此，若想做尧舜之君，首先就要像他们那样，将招贤用贤作为自己第一位的责任。

"尊贤"一词在《孟子》共出现了七次，孟子屡称，"用上敬下谓之尊贤"，"贵贵、尊贤，其义一也"，揭示尊贤的实质是"上敬下"，与"贵贵"是同义的(《孟子·万章章句下》)。《孟子》文本涉及尊重贤才的理念颇多，如"悦贤""任贤""进贤"等。孟子明确强调"尊贤任能"是天下归心的关键："尊贤使能，俊杰在位，则天下之士皆悦而愿立于其朝矣。"尊重有贤德的人，任用有才能的人，这是国家吸引、留住人才的重要前提，也是为政治国的根本。

7. 荀子："尚贤使能"

《荀子》一书中多次强调君人之道，须尚贤使能，提出"尚贤，使能，等贵贱，分亲疏，序长幼，此先王之道也"。

据统计，"尚贤使能"一词在《荀子》出现十一次之多。《王制》篇有"君人者，欲安，则莫若平政爱民矣；欲荣，则莫若隆礼敬士矣；欲立功名，则莫若尚贤使能矣；是君人者之大节也。"《君子》篇讲："成王之于周公也，无所往而不听，知所贵也，桓公之于管仲也，国事无所往而不用，知所利也。吴有伍子胥 而不能用，国至于亡，倍道失贤也。故尊圣者王，贵贤者霸，敬贤者存，慢贤者亡，古今一也。"在荀子看来，周成王对于周公的言论无所不听，深知其言论的重要意义；齐桓公对于管仲的治国主张，也是无所不用，深知其有百利而无一害；而吴国有伍子胥而不能用，以致国破家亡，就是因为他的国君背道而行，失去了贤者之助。所以尊圣者王，贵贤者霸，敬贤者存，慢贤者亡，这个道理古今无二。

荀子在《臣道》中提出："任用通达圣明的臣子就能称王天下，任用建功立业的臣子就会强盛，任用篡权的臣子就会危险，任用阿谀奉承的臣子就会灭亡。阿谀奉承的臣子被任用，那么君主一定会丧命；篡权的臣子被任用，那么君主一定会危险；立功的臣子被任用，那么君主一定会荣耀；圣明的臣子被任用，那么君主一定会尊贵。"在荀子看来，

| 荀子画像

阿谀奉承的臣子如齐国的苏秦、楚国的州侯、秦国的张仪，篡夺君权的臣子则有韩国的张去疾、赵国的奉阳君、齐国的孟尝君，齐国的管仲、晋国的咎犯、楚国的孙叔敖可以称为建功立业的臣子，而商朝的伊尹、周朝的太公可以称为通达圣明的臣子。据此，荀子提醒道："是人臣之论也，吉凶贤不肖之极也，必谨志之而慎自为择取焉，足以稽矣。"（《荀子·臣道》）君主一定要谨慎地辨别臣子的类别，要慎重地亲自选用大臣。

荀子认为，君主不同于臣属和百姓。作为一国的最高统治者，他要治理国家，要对国家大事作出决策并付诸实施，单凭个人的力量是不行的，必须依靠臣属对国家进行有效的统治。这样，正确选择和合理组织臣属，就成为一国君主必须解决好的问题。尚贤使能，是君主解决这一问题的一个基本原则。尚贤使能，臣属可以帮助君主作出决策、制定制度、办理具体事务、君主则处于宏观控制的位置上进行有效的统治。

8. 齐威王："人才为宝"

进入战国时期，齐威王、宣王作为田氏代齐后的第三、四代君王，继续弘扬齐国以"尊贤尚功"为基础的用人思想，以人才为宝，尤其是以贤能人才为国宝。

史载齐威王二十四年，齐威王和魏惠王在郊外一起打猎，其间论起各国的宝贝。魏惠王说："你们齐国地大物博，可有什么宝贝吗？"威王回答说："没有。"魏惠王洋洋得意地说："我们魏国，虽然小，还有光泽夺目、能照亮前后各十二辆车子的夜明珠十颗呢！像齐国这样的泱泱大国，难道真的没有宝贝吗？"

齐威王非常自豪地说："宝贝我国是有的，不过我所看重的宝贝与您所看重的宝贝是不同的，我有个大臣叫檀子，我派他去守南部的边城，南部边防固若金汤，楚国人不敢来侵犯，雄威所至，泗水流域的十二个小国的国君，都来齐国朝见；我还有个大臣叫田盼子，我让他去守高唐，则坚如磐石，赵国不敢前来掠夺我的西境，就连到黄河里捕鱼也不敢了；我还有一位大臣，他叫黔夫，我派他去守徐州，吓得燕国人在北门祭祀祈祷，越国人在西门祭祀祈祷，恳求神灵保佑他们，最后有七千多户百姓归顺了齐国；我还有一位叫种首的大臣，派他在国内捕捉盗贼，负责维护社会治安，使盗贼闻风丧胆，国内路不拾遗、夜不闭户，人民安居乐业。我的这些'宝'，他们的光辉能照耀千里，垂名青史，岂止像你的宝珠只有照亮二十四辆车子的光芒呢？"魏惠王听了，觉得十分惭愧，只好怏怏而去。

齐威王善于"淘宝"。他能够通过各种渠道发掘人才，并敏锐发现不同人才的专长，乐于听取其建议。淳于髡有把大道理讲得形象透彻的本事，他用鸟喻人，劝谏齐威王积极作为，齐威王于是陡然振奋，"一鸣惊人"。平民琴师邹忌借讲琴理谈治国方法，指出了上下一致国家才会昌盛的道理，劝齐威王莫要沉溺酒色歌舞，应该广招人才，发展生产，操练兵马，齐威王幡然悔悟，拜之为相。齐威王整顿吏治，奖贤诛佞。他奖励了尽职尽责的即墨大夫，惩办了玩忽职守的阿城大夫。经过整治，齐国吏治有了很大改善。

知识链接

一鸣惊人

最早出自《韩非子·喻老》：楚庄王莅政三年，无令发，无政为也。右司马御座而与王隐曰："有鸟止南方之阜，三年不翅，不飞不鸣，嘿然无声，此为何名？"王曰："三年不翅，将以长羽翼；不飞不鸣，将以观民则。虽无飞，飞必冲天；虽无鸣，鸣必惊人。子释之，不谷知之矣。"处半年，乃自听政。所废者十，所起者九，诛大臣五，举处士六，而邦大治。举兵诛齐，败之徐州，胜晋于河雍，合诸侯于宋，遂霸天下。后在《史记·滑稽列传》记载了淳于髡谏齐威王的故事：齐威王之时喜隐，好为淫乐长夜之饮，沉湎不治，委政卿大夫。百官荒乱，诸侯并侵，国且危亡，在于旦暮，左右莫敢谏。淳于髡说之以隐曰："国中有大鸟，止王之庭，三年不蜚又不鸣，王知此鸟何也？"王曰："此鸟不飞则已，一飞冲天；不鸣则已，一鸣惊人。"于是乃朝诸县令长七十二人，赏一人，诛一人，奋兵而出。诸侯震惊，皆还齐侵地。威行三十六年。

齐威王视才如宝，用人不疑。他对贤良之臣给予足够信任。在与秦国的桑丘之战中，齐威王任用匡章为主将。匡章采用计策，让部分齐军更换旗帜标记，混杂到秦军当中作内应，等待时机配合齐国的主攻部队破敌。但很多人不明就里，近臣就多次向齐威王告发匡章叛变。但齐威王没有怀疑，他知道匡章是个孝子，连死去的父亲都不忤逆，必不会背叛当下的君主，坚持让他出战，最终取得了胜利。

正是齐威王将人才视为国宝，尊重和任用贤才，从而保证了齐国能持续兴旺发展，位居战国七雄之一。

齐威王之子齐宣王继承其祖、父之志，更是"好士""贵士"，在稷下广开学宫，招揽四方游士、学者，大有"聚天下贤士于稷下"之魄力，使稷下学宫之学臻于极盛。史载："宣王喜文学游说之士，自如邹衍、淳于髡、田骈、接予、慎到、环渊之徒七十六人，皆赐列第，为上大夫，不治而议论。是以齐稷下学士复盛，且数百千人。"

（二）任能思想

1. 姜太公的任能思想

能，即能力，主要是指解决问题、完成任务的才能和方法，它是才、学、识在实际工作中的表现。

《六韬·文韬·举贤》篇中记载周文王与姜太公讨论用贤之道的问题。

文王问太公说："君主致力于举用贤能。但却不能收到实效，社会越来越动乱，以致国家陷于危亡，这是什么原因呢？"

太公回答说："选拔出贤能而不加以任用，这是有举贤的虚名，而没有用贤的实质。"

文王问道："导致这种过失的原因在哪里呢？"

太公答说："导致这一过失的原因在于君主喜欢任用世俗所称赞的人，因而就不能得到真正的贤人了。"

文王问道："为什么这样说呢？"

太公说："君主以世俗所称赞的人为贤能，以世俗所诋毁的人为不肖之徒，那么党羽多的人就会被进用，党羽少的人就会被排斥。这样邪恶之人就会结党营私而埋没贤能，忠臣无罪而被置于死地，奸臣凭借虚名骗取爵位，所以社会越来越混乱，国家也就不能避免危亡了。"

在姜太公看来"举贤而不获其功"导致"世乱愈甚，以致危亡"的原因在于：选拔出贤能而不加以任用，这是有举贤的虚名，而没有用贤的实质。造成这种局面的关键是用世俗之誉为标准取人，因此难以得到真正的人才。所以姜太公指出，真正的举贤，应该根据各级官吏应具备的条件选拔贤能，根据官吏的职责考核其工作实绩，选拔各类人才。要考查其能力强弱，使其德才与官位相称、官位同德才相称。即所谓"按名督实，选才考能，令实当其名，名当其实"。

2. 齐桓公的任能思想

齐桓公首先登上春秋霸坛，与他重用贤能之人密不可分。齐桓公名小白，他当初为公子时，与公子纠为敌仇，为了争夺君位，二人进行了激烈的斗争。齐襄公死后，有继承权而逃亡在外的公子纠和小白赶忙回国抢夺王位。公子纠在向齐国进发的路上，就派自己的老师管仲去半路截杀小白。管仲一箭射中了小白的衣服带钩，小白假装被射死。于是公子纠便放心地放慢了前进速度，而小白和老师鲍叔牙抢先赶回齐国都城临淄继承了王位。

齐桓公即位后，发兵攻打鲁国，迫使鲁国杀死在那里避难的公子纠，并将管仲囚禁送回齐国。按照一般逻辑，齐桓公应杀掉管仲以报一箭之仇。但这时鲍叔牙表现出了高风亮节，他主动放弃自己可以成为国相的机会，力劝齐桓公拜管仲为相，说管仲的才能比自己强若干倍。齐桓公听从劝告，不计前嫌，任管仲为相，并尊其为"仲父"。仲父在这里有两种解释：其一，"仲"是在弟兄中排行第二的意思，仲父即叔父；其二，"仲"指管仲，"父"是视之如父，将管仲放到了非常尊贵的地位。

管仲为相后自觉以一人之力不足以使桓公成就霸业，于是在大臣中又举荐了有军、农、外、法、谏等才能的五位贤才，这五位贤才为齐国称霸立下了汗马功劳，所以被称为"桓管五杰"。在齐桓公的支持下，有各位贤才的辅助，管仲改革行政制度、赋税徭役、兵制等，同时积极发展盐铁和渔业等。

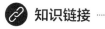 **知识链接** ━━━━━━━━━━━━━━━━━━

桓管五杰

在齐桓公时期，管仲举荐了五位杰出人才，他们在齐桓公成就春秋霸业的过程中起到了关键作用。这五位杰出的人才分别是：隰朋、宁戚、王子成父、宾胥无和东郭牙。隰朋是齐国的外交大臣，他擅长待人接物，言辞刚柔相济，主管齐国的外交事务。宁戚主管齐国的农业，他通过开垦农田、兴修水利和奖励垦荒等措施，使齐国迅速富裕强盛起来。王子成父是齐国的军事将领，他训练有方，提升了齐国军队的战斗力，为齐桓公的对外扩张提供了军事支持。宾胥无主管齐国的司法事务，他善于审狱断案，明于是非，宽厚仁慈，确保了齐国的稳定。东郭牙是齐国的谏臣，他敢于直言进谏，不避死亡，主管国家的监督机构。

3.管仲的任能思想

在管仲看来，人的才能是不相同的。因此，在任使时，必须"察能授官"（《管子·权修》），"量能而授官"（《管子·君臣上》）。他说，人有五务，即"君择臣而任官，则事不烦乱；大夫任官办事，则举措时；官长任事守职，则动作和；士修身功材，则贤良发；庶人耕农树艺，则财用足"（《管子·五辅》）。说明了任用贤能、察能授官的重要性。

管仲强调选拔官吏要"任力"，即根据一个人的实际能力分配相应的任务，授予其相应的职权，使其承担相应的责任。他说："授事以能，则人上功。"（《管子·任第》）要求量才任使。他还提出："毋与不可，毋强不能，毋告不知。与不可，强不能，告不知，谓之劳而无功。"（《管子·形势解》）在任使官吏时，管仲坚决反对让不能担任某种工作的人去干某种工作，强行让干不了某项工作的人去干某项工作，到没有智慧的人那里去求取智慧，这样做的结果，徒劳而无功。这样，管仲就从正反两个方面说明了"量能授官"的必要性。只有根据一个人的实际能力分配相应的任务，才能发挥人才的作用，收到显著的成效。反之，如果交给他不能做的工作，强不能为能，强不知为知，效果就会适得其反。因此，从"量能授官"的任使原则出发，他提出："临事不信于民者，则不可使任大官。"（《管子·立政》）"辨于一言，察于一治，攻于一事者，可以曲说，而不可以应举。"（《管子·宙合》）即群众不信任的人，不能当大官，有一技之长者，不能担任负责全面的工作，可以根据其特长，让他们担任相应的官职。只有这样，人的才智才可以得到充分的发挥，办事的效率才高。

基于上述思想，管仲注重知人善任，取人之长，容人之短。他为相刚三个月，就向桓公推荐人才。管仲认为隰朋懂得升降揖让、外交礼仪之应对进退，所以推荐他为"大行"；认为宁戚了解农业，能够开垦土地增加稻谷生产，所以推荐他为"大司田"；认为王子成父熟悉军事，善于作战指挥，能让军士视死如归，所以推荐他为"大司马"；认为宾胥无深谙法令，判案公正，能做到毋枉毋纵，所以推荐他为"大司理"；认为东郭牙正直敢言，不会贪生怕死，也不贪图富贵，所以推荐他为"大谏官"。

这"五官"在齐国是非常重要的官吏，《韩非子·外储说左下》云："治齐此五子足矣"。可见管仲深知人才的重要以及善于适所任用，他曾对齐桓公说："不知贤，害霸；知而不用，害霸；用而不任，害霸；任而不信，害霸；信而复使小人参之，害霸"（《说苑·尊贤》）。贤才就是要给予完全的信任以及任用，否则就是有害于国家称霸。

就连公子们，管仲也都知道他们的贤能之处，盼其对国家有所贡献。他认为公子举为人博学多闻又知礼节，好学又谦逊，是派往鲁国的好人才；公子开方为人善于应变，口才锋利，适合派往卫国；曹孙宿这个人尚可称为廉洁，但苛察于人，态度恭敬唯言辞不畅达，他这种修养正可以匡正楚国，可以派往结交。管仲如此举荐，希望齐桓公利用公子们的长处和特质去做外交工作，也都能得到齐桓公的信赖。

管仲提出"举能以就官，不类无能"（《管子·君臣》），不能任用无能之辈，而那些"匹夫有善"者，"可得而举也"（《管子·小匡》）。因此他提拔贤才不遗余力，更向外推行"任人唯贤"的理念。"葵丘会盟"时，盟约中有一条就是"尊贤育才，以彰有德"（《孟子·告子下》）。为了确保政策的落实，管仲还制定了法令。他要求各个乡长都将乡中好学、慈孝、聪慧、仁厚、勇武之人通通举荐出来，否则就是犯了"蔽明""蔽贤"之罪，必须受到责罚。

管仲对于有能力的人，提出"用人苟大意得，不以小缺为伤"（《管子·宙合》）。瑕不掩瑜。人非圣贤，孰能无过？只要大的目标能够实现，就不要因为小的缺失受到妨害。

 知识链接 ————————————————————————

葵丘会盟

　　春秋时期齐国君主齐桓公主持的诸侯盟会，是确立其霸主地位的关键事件。公元前 651 年，齐桓公于葵丘(今河南兰考、民权一带) 邀集鲁、宋、卫、郑等诸侯国会盟，周襄王遣使赐胙（祭肉），正式承认其代行天子之权。盟约以"尊王攘夷"为纲领，提出"五禁"条款：包括维护周礼宗法（如"毋易树子""毋以妾为妻"）、调解诸侯矛盾、禁止以邻为壑（如"毋壅泉""毋遏籴"）等。此盟标志着齐桓公"九合诸侯"霸业巅峰，首开春秋"挟天子以令诸侯"之先例，既强化了齐国霸权，也折射出周王室权势衰微、诸侯争霸主导秩序的历史转折，对后世诸侯会盟制度影响深远。

4.晏婴的任能思想

　　晏子提出的"国有三不祥"，即有贤不知、知而不用、用而不任，提醒国君要重视人才，更要用好人才。对于如何任用人才，晏婴认为首先要做到用人不疑。《晏子春秋·内篇问上》说："忠臣不信，一患也；信臣不忠，二患也；君臣异心，三患也。是以明君居上，无忠而不信。无信而不忠者。"为政，要举贤任能，疑人不用，用人不疑。

晏子雕像

同时，晏婴认为对于人才要才尽其用，用人之长、避人之短，不能求全责备。

《晏子春秋·内篇问上》记载景公问晏婴："古代那些善于统治国家治理民众的君王，他们是怎么任用人才的？"

晏婴回答说："人不能同，而任之以一事，不可责遍成……任人之长，不强其短；任人之工，不强其拙。"随后举例说："土地各有不同的性能，却都种植同一种东西，要求它们都能正常地生长是不可能的。人各有不同的才能，却都委任他们做同一种事情，要求他们都能成功也不可能。要求无止境，再聪明的人也有不能满足要求的时候；求取无厌，天地也有不能充分供应的时候。所以贤明的君主任用人才，阿谀谄媚的人不能近在身边，结党营私的人不能在朝廷办事。而且用人要任用他的长处，避免他的短处；任用他精通的方面，避免他笨拙的方面。这就是英明的君王任用人才的大概原则。"晏婴在认识到人各有专长的基础上，选贤不拘一格，任用的时候，扬长避短，才能人尽其才，充分发挥人才的作用。

5.子思的任能思想

孔伋（公元前483—前402年），字子思，鲁国人，孔子的嫡孙、孔子之子孔鲤的儿子。作为春秋时期著名的思想家，子思对于任用贤能也有自己的看法。

子思向卫侯推荐一个叫苟变的人，说："苟变这个人可以担任五百乘战车级别的将军。"据《司马法》等古籍记载，当时兵车1乘，配甲士3人，步卒72人，五百乘即37500人。子思认为苟变有管理37500人部队的能力，而卫侯却回答说："我知道他可以为将。但是苟变做小吏的时候，有一次到老百姓那里收税，吃了人家的两个鸡蛋，所以不能用他。"卫侯的理由是：苟变这个人品行上有瑕疵、有污点，他收了人家的税，还多吃了人家两个鸡蛋。从这些表述来看，当时有的诸侯小国对官员的品德是非常看重的，凡是有瑕疵的人，再有才华也可能弃用。子思劝说："圣主选用人才，就像木匠选用木材一样。取其所长，弃其所短。所以一块几个人合抱的大木头，如果有几尺腐烂的地方，优秀的木匠是不会废弃整块木材的。现在君上处于战国之世，正需要选择能打硬仗的爪牙之士，而您却因为两个鸡蛋的原因抛弃了干城之将，这种事千万不可以让邻国听到。"卫侯听罢，脑袋上冷汗直冒，鞠躬两次，说：

"我接受您的教诲。"

子思对待有能力的人，提出"取其所长，弃其所短"(《资治通鉴·周纪一》)，就是用人才的长处，去胜任合适的岗位。金无足赤人无完人，世界上没有完美的人，如果要求完美的人才，那就得不到任何人才。

6.齐威王的任能思想

基于人才是宝的深刻认识，齐威王能够做到不拘一格地任用人才。他一面选用宗室中有才能的人为官，如任用田忌为将军，派田盼子守高唐；一面又选用大批门第寒微的士人，委以重任。如，因受妒而惨遭迫害的著名军事家孙膑，从魏国逃归时本是刑余之人，是被追杀的囚犯，而到齐国后，以丰富的军事理论和卓越的指挥才能，在田忌的推荐下，受到了齐威王的信任和重用。出身"赘婿"、受过髡刑、相貌丑陋的淳于髡，因"博闻强记"、滑稽善辩、善于谏诤，而受到齐威王的赏识和重用。平民出身的邹忌，毛遂自荐，鼓琴论政，得到了齐威王的重用，三月得相印，次年封侯。齐威王还扩建父亲桓公所建的稷下学宫，为稷下学士提供厚禄、良好的衣食起居条件以及极为宽松的学术环境，并鼓励稷下学士对朝政发表意见，"不治而议论"，尽得天下英才。

二、选才：才德并举的选才策略

无才无以治国，无德无以利人。德和才，在不同的历史时期，因形势不同，所包含的内容并不完全相同。

（一）礼尊遇厚，广泛揽才

国家用人，当然是希望贤能之人越多越好，那用什么办法才能使贤能之人增多呢？墨子说："贤能之人是国家的珍贵财富和社稷的辅佐之才，'必且富之、贵之、敬之、誉之'，然后国家的贤能之士才能得到并逐渐增多。"（《墨子·尚贤》）就是说，要想得到贤士并使之越来越多，必须做到使他们富有，使他们地位尊贵，使他们受到尊敬，使他们享有荣誉。礼尊遇厚，以此广招贤才。

1. 厚遇固贤

食、色，性也。"爱人深者求贤急，乐得贤者养人厚。"（《素书》）追求欲利乃人之本性，因此，满足贤能之人的生活需要，成为得到贤人的必备条件，而给贤能之人以优厚的政治和物质待遇，则成为他们长期为用的前提。

姜太公在遇到周文王以前，曾做过很多低贱的工作，甚至于被老婆赶出家门，一直过着颠沛流离的生活，《战国策·秦策》说他为"齐之逐夫，朝歌之废屠，子良之逐臣，棘津之仇不庸"，谯周《古史考》也说"吕望尝屠牛于朝歌，卖饭于孟津"，真可以说是吃尽了人间的苦头。尽管他有颠覆商纣的理想和能力，使自己和天下人有一个安定的生活应该是他的追求，只是他不愿为生活而低下高昂的头。当他隐居钓鱼的时候，他想的是遇到明主，从而发挥自己的聪明才智，推翻商纣，改变生存环境和生活条件。这不是有意贬低姜太公的人格，有两个实例可以证明。

第一个例子出自《六韬·文韬·文师》。周文王田猎在渭水滨见到太公在钓鱼，二人有一段对话：

明戴进《渭滨垂钓图》

周文王非常恭敬地询问姜太公说："您很喜欢钓鱼吗？"

太公回答说："我听说，作为君子，他们是希望自己的抱负、志向能够得到实现。而普通人则希望自己能够做好自己的事情。现在我在这里钓鱼，是因为这个跟钓鱼的道理很像，并不是我喜欢钓鱼。"

周文王进一步问道："具体是相似在哪里呢？"

姜太公便解释说："钓有三权：禄等以权，死等以权，官等以权。夫钓以求得也，其情深，可以观大矣。"姜太公认为，钓鱼跟招揽人才的道理是相似的，通过俸禄、名节、官爵三种方式来招揽人才。钓鱼的目的，就在于得到鱼。这里面的道理，跟大大小小的事情都是相同的。

周文王说："您可以讲解其中的原理吗？"

姜太公解释说："水源深，则水能够流动，水流动了，鱼才能够在里面生存。树木的根深深地扎进土地中，树木才能够生长，树木生长得好了，才能够结出果实。君子之间要情投意合，才能够从内心进行亲近，才能够让事情办成。所以，这三者，就是根本的原因。"

姜太公接着说："钓鱼的线如果是细小的，同时鱼饵也能够看到，那么就只有小鱼会上钩。如果鱼线稍微粗一点，而且鱼饵也比较香，质量比较好，那么偏大一点的鱼就会上钩。如果鱼线非常粗，而且鱼饵用料非常丰盛，那么大鱼会上钩。鱼一旦咬钩了，就会受限于鱼线。人享受君主所赐予的俸禄，则会臣服于君主。"

姜太公总结说："所以，用鱼饵勾引鱼，则能够抓到鱼，杀了鱼，则能够有鱼食用。用俸禄来吸引人才，则能够网罗天下的人才。得到了人才之后，则能够进一步战胜诸侯国，进一步占领天下。如果不能够招揽到人才，那么贤人君子就会远离。如果掌握了技巧，招揽了人才，聚拢了人才，国家才能够强大，彰显到更远的地方。圣人之德，在于使用招揽人才的方法，默默地网罗天下人才，而且人才也心甘情愿地为圣人服务。圣人之虑，在于让人才有相应的职位，让他们发挥应有的才能，从而建立起招揽人才、因才任能的方法。"

姜太公举出了招揽人才的三种方式：禄等以权，死等以权，官等以权。第一种，通过俸禄来收买人才。所谓"香饵之下，必有悬鱼；重赏之下，必有死夫"（《三略·上略》），只要钱财给到了，就不怕没有人才来。第二种，通过名节来招揽人才。"清白之士，不可以爵禄得。"（《三略·下略》）对于贤人君子来说，钱财乃身外之物，他们更加看重自己的名节。对于这种人才，就要通过晓之以情，动之以理。第三种，通过官爵招揽人才。有些人，看重的并不仅仅是钱财，更加看重自己的地位。对于此类人才就要不吝官爵地位。通过钱财、名义、官爵，像鱼饵一样，牵制住人才。

在姜太公看来"缗微饵明，小鱼食之；缗调饵香，中鱼食之；缗隆重饵丰，大鱼食之"（《六韬·文韬·文师》），能否得到人才，得到什么样的人才，就要看你舍得给多少的钱财、名义、官爵了。"鱼食其饵，乃牵于缗；人食其禄，乃服于君。"（《六韬·文韬·文师》）有了高官厚禄、名义官爵，自然有源源不断的人才为君主服务。

再一个例子出自《史记·齐太公世家》，说到姜太公奔周时用"或曰"的形式保留了一个传说：

> 或曰：吕尚处士，隐海滨。周西伯拘羑里，散宜生、闳夭素知而招吕尚。吕尚亦曰："吾闻西伯贤，又善养老，盍往焉。"

西伯"善养老"，可使无衣食之忧，是太公奔周的因素之一，可见他把待遇看得非常重要。

这也可能是当时人们的普遍思想，所以文王西伯并没因太公要价太高而弃之不用，而是亲自将其从渭水之滨"载与俱归，立为师"（《史记·齐太公世家》）。

春秋时期，在用人上的宗法制虽然开始瓦解，但还是占据主流地位，因此，贤人要发挥自己的才能，要实现自己的人生价值，统治者要使贤人真正发挥作用，还是不能离开地位和金钱。

管仲提出对待人才要"厚而勿欺"。"厚"就是优厚的待遇。"勿欺"就是要说到做到。管仲说："厚而勿欺，则天下之士至矣。"（《管子·小问》）要想留住人才，必须给予丰厚的待遇，并严格履行。因此，要"五而六之，九而十之，不可为数"（《管子·小问》），即值五给六，能卖到九就掏十的价钱，什么东西就都好买。"三倍，不远千里"（《管子·小问》），即我们只要付给人才的报酬比别处多三倍，那么，各地的优秀人才就会不远千里、源源不断地向我们靠拢。同时，做到在经济利益上对各类人才的合理分配，"均分以钓天下之众而臣之"（《管子·霸言》）。

管仲老了之后，齐桓公忧心忡忡地问谋士宁戚："管仲一旦去世，国家怎么管理呢？"宁戚说："关键在于得贤而任之。"齐桓公又问："怎样才能得贤？"宁戚回答说："要开启贤士进身的道路，考查合格就加以任用，然后'尊其位，重其禄，显其名'，这样天下的贤士就会纷纷前来投奔您了。"宁戚所说的"尊其位，重其禄，显其名"（《说苑·君道》），与墨子所说的"富之、贵之、敬之、誉之"在意思上差不多，都是说要使贤士的待遇优厚，并以礼相待。

针对如何尊重贤才的问题，孟子也提出了要为其提供必要的物质支持。《孟子·告子下》记载了陈子与孟子的一段对话：

陈子说："古代的君子要怎样才出去做官？"

孟子说："就职的情况有三种，离职的情况也有三种。第一种是国君待你尊敬有礼，说将会按照你谏言的建议去做，那么就去做官；如果礼节招待未有改变，所说的话他也不会去施行，就辞官离开。第二种情况，虽然没有践行你的劝谏，但待你尊敬有礼，那么就去做官；如果在礼仪招待上有所衰退，就辞官离开。第三种情况是早晚吃不上饭，饥饿到不能走出门，君王听说了这事，就说道：'我从大的方面不能实行他的主张，而且不能听取他的意见，让他在我这里受饿，我感到很羞耻。'然后就去周济那快要饿死的人，这样的话也可以去为他做官，只不过是免于死亡罢了。"

孟子在此所提出的"三就三去"，虽是以君子为主体谈入仕问题，然皆指向君主对待贤能之士的态度。君主对待贤人的态度应是"迎之致敬以有礼"，一旦"礼貌衰"就会导致人才流失；即使不能用其言行其道，也须为君子提供必要的物质支撑，不能使有才能之人遭受物质上的窘迫。天子巡狩，对诸侯"养老尊贤，俊杰在位"的治政会有赏赐，而如果"遗老失贤，掊克在位"（《孟子·告子下》）则会有责让。

出于对人才、济世良方的渴求，战国田齐桓公在齐都临淄"稷门"之外设立稷下学宫，至齐宣王时期达到鼎盛，随秦灭齐消亡，历时 150 余年。稷下学宫，是战国时期诸子"百家争鸣"的园地。稷下先生们围绕王霸、义利、天人、人性善恶等课题，切磋驳难、争辩求知，以觉醒的主体精神、积极的创造意识、敢为人先的理论勇气，促成了稷下学宫学术的空前繁荣，推动了整个中国先秦学术文化的大发展、大集成、大融合，形成了道、儒、法、名、兵、农、阴阳等诸家学派。稷下学宫是当时齐国的政治咨询中心。齐国统治者建高门大屋，修康庄之衢，揽天下英才——是为稷下先生。稷下先生可自由地宣讲自己的学说和主张，他们享有优越的生活条件，被授予一定的官职，但统治者并不强求他们一定要为国家做事，如著名的稷下先生邹衍、淳于髡、田骈、接予、慎到、环渊等都曾游学稷下，齐皆"赐第为上大夫，不治而议论"（《史记·田齐世家》），也就是不担任具体的行政工作，专以议政治学为务。稷下学宫空前优越的待遇，开放包容的学术氛围，平等自由的环境，吸引无数有名的学者纷至沓来、络绎不绝，多的时候达数千人。当时各国著名的学者如孟子、荀子、尹文、邹衍、彭蒙、淳于髡、鲁仲连等齐聚稷下，对后世文化的发展与繁荣产生了深远影响。

 知识链接

不治而议论

战国时期齐国稷下学宫推行的独特学术政策，意为"不担任官职而专事学术论辩与政治建言"。稷下学者（如孟子、荀子等）虽受齐王礼遇，享有"大夫"称号及优厚俸禄，但无须承担具体行政职责，可自由探讨学术、批评时政、著书立说。这一政策既保障学者独立思想，又为齐国君主提供多元治国理念。此举推动了诸子百家思想的自由争鸣，形成"百家争鸣"盛况，成为战国学术繁荣的象征。

2. 礼贤下士，以礼尊之

"世有贤才，国之宝也。"（《明太祖实录》卷八）对于为政者来说，必须认识到人才对于国家的重要意义，思贤若渴，礼贤下士。周公曾告诫自己的儿子伯禽说："我文王之子，武王之弟，成王之叔父，我于天下亦不贱矣！然我一沐三捉发，一饭三吐哺，起以待士，犹恐有失于天下之贤人。"（《史记·鲁周公世家》）其尊贤重贤的心情可见一斑，后世即以"吐哺握发"来形容为政者思贤若渴。

对于贤才，不仅要给予优厚的待遇，更重要的是对他们要以礼相待，要尊重他们的人格，看重他们的能力，珍视他们的成果。正如朱元璋所言："天下之务非贤不治，求贤之道非礼不行。"（《明太祖宝训》卷五）

管仲提出对待人才要礼而尊之。他说"圣王卑礼以下天下之才"（《管子·霸言》），有道的君主要尊重天下的贤能之士，"假（赞美）而礼之……则天下之士至矣"（《管子·小问》），就是给人才以礼遇，表示尊重。管仲把尊贤的方法进一步加以具体化。他说:"亲之以仁,养之以义,报之以德,结之以信,接之以礼"(《管子·幼官》)。这里说的仁、义、德、礼、信五个方面,都是对国君提出的对待人才的具体要求。他认为,只要国君做到了这几个方面,那么,贤士就会死心塌地地为君主所用。

孟子提出人君要礼敬贤能之士才,"迎之致敬以有礼"(《孟子·告子下》),否则一旦"礼貌衰"就会导致人才流失。孟子认为,"食而弗爱,豕交之也;爱而不敬,兽畜之也。恭敬者,币之未将者也。恭敬而无实,君子不可虚拘"(《孟子·尽心上》),对于一个人,如果只是养活他而不爱他,那就和养猪差不多;爱他而不恭敬他,就和畜养所喜欢的狗马差不多。恭敬之心在送货币礼物之前就应具备。徒有恭敬的形式,而没有恭敬的实质,君子是不会被这种虚假的礼仪所留住的。因此,要从心底做到真正的恭敬,只有这样才能留住贤人。

选贤任能,君主就要礼贤下士,齐桓公就有许多礼贤下士的事迹。据《新序·杂事》记载,齐桓公听说小臣稷是个贤士,就渴望能见他一面,与他交谈一番。一天,齐桓公连着三次去见他,都被小臣稷托故不见。跟随齐桓公的人就说:"大王,您贵为万乘之主,他是一个布衣百姓,一天中您来了三次,既然没有见到他,也就算了吧。"齐桓公却极有耐心地说:"不能这样。贤士傲视爵禄富贵,才能轻视君主,如果其君主傲视霸主也就会轻视贤士。纵有贤士傲视爵禄,我哪里又敢傲视霸主呢?"那一天,齐桓公接连五次前去拜见,才得以见到小臣稷。

当其他诸侯听说了这件事，都说："齐桓公能够放下架子对待平民，何况我们这些一般的国君呢？"于是一起来朝拜齐桓公，很少有不到的。"桓公所以九合诸侯，一匡天下者，遇士于是也。"

又据《管子·小问》记载，桓公与管仲在宫内闭门计划征伐莒国，还没有行动，就已经在外面传开了。桓公气愤地对管仲说："我和仲父闭门谋划伐莒，没有行动就传闻于外，这是什么原因？"管仲说："宫中必有圣人。"桓公向周围人看了一下，说："是的，白天雇来干活的人中，有一个拿柘杵春米，眼睛向上看的，一定是他了吧？"那个人叫东郭邮。等到那个人来到齐桓公跟前，齐桓公就把他请到上位坐下，询问他说："你是说出伐莒的人吗？"东郭邮毫不隐瞒地说："是的，是我。"桓公说："我未曾说伐莒而您说出伐莒，是什么原因？"东郭邮回答说："我听说过，君子善于谋划，而小人善于推测。这是我推测出来的。"桓公好奇地说："您是怎么推测出来的？"东郭邮说："我听说君子有三种表情：悠然欣喜的样子是庆典的表情，忧郁清冷的样子是服丧的表情，红光满面的样子是打仗的表情。白天我看见君王在台上坐着红光满面、精神焕发，是打仗的表示，君王长吁出气却没有声，看口型应是说的莒国，君王举起手远指，也应是指莒国。我私下认为小诸侯国中不服君王的只有莒国，因此，我断定你们是计划伐莒。"桓公欢喜地说："好啊。从细微的动作判断大事，说的就是这种情况吧！请您坐下，我同您共同谋事。"不久，桓公就提拔了东郭邮。

3. 诚心求谏

给贤人以优厚的生活条件和较高的政治地位外，还必须虚心接纳他们的建议。只有让他们感觉到自己有用的时候，才是他们感到你对他们是真正厚遇的时候，也才是他们最安心的时候。如果他们的谏言经常不被采纳，他们便认为是对他们的忽视和轻蔑，再优越的生活条件、再高的政治地位对他们也会失去吸引力。

给人以说话的机会，让人们充分发表对国家政事的批评意见，据说是有传统的。齐桓公听取管仲的建议，吸收历史经验，首开齐国纳谏之路。

齐桓公广泛纳谏是以设立"啧室之议"的形式进行的，《管子·桓公问》篇记载：

桓公曾经问管仲："我想常有天下而不失，常得天下而不忘，能办得到吗?"

管仲回答说："不急于创始，不急于作谏，等到条件成熟再随之行事。不可以个人好恶损害公正原则。要调查了解人们之所恶，以便自身为戒。"

怎样才能做到这一点，仅凭帝王的一阵冲动，一阵心血来潮，一时的招贤纳谏是不够的。必须设立一种机构，建立一种制度。管仲引经据典，追溯历史，向桓公说："黄帝建立明台的咨询制度，就是为了从上面搜集贤士的意见；尧实行衢室的询问制度，也是为了从下面听取人们的呼声；舜有号召进谏的旌旗，君主就不受蒙蔽；禹把谏鼓立在朝堂上，可以准备人们上谏；汤有总街的厅堂，可以搜集人们的非议；周武王有灵台的报告制度，贤者都得以进用。这就是古代圣帝明主能够常有天下而不失，常得天下而不亡的原因。"

桓公说："我也想效法他们，实行这项制度，应当叫什么名字呢?"

管仲想了想说："可以叫'啧室之议'。就是说，国家法度要简而易行，刑罚要审慎而无人犯罪，政事要简而易从，征税要少而容易交足。老百姓有在这些方面提出君主过失的，就称之为'正士'，其意见都纳入'啧室之议'的制度来处理。负责办事的人员，都要把受理此事作为本职工作，而不许有所遗忘。这项'啧室之议'的大事，请派东郭牙主管。这个人是能够为正事在君主面前力争的。"

桓公说："好，就这么办。"

管仲建议齐桓公设置"啧室之议"这一机构，是为了便于"下听于人""广询天下"及"观人诽"，并号召、鼓励人们"非上之所过"，"以正事争于君前"。这样，近臣对君王的过失可尽力进行规劝，内亲外戚对君王未察之事可加以弥补，百工小民可以将下层社会对朝政的种种议论传递上来，然后君王对大家所提供的意见和建议进行斟酌，修正以往政策的错误，或制定新政。

最著名的还是齐威王广泛纳谏。

《战国策·齐策》记载，齐威王时期，住在城北的徐公长相潇洒俊美。一天，邹忌分别问自己的妻子和妾："我和徐公比谁美？"两人都说邹忌更美。恰逢邹忌有客来访，邹忌便又问其客曰："我和徐公比谁美？"客人也说邹忌更美。等到第二天，徐公亲自来拜访邹忌。邹忌一见徐公，便知自己长得不如徐公。邹忌私下想这件事，妻子因为偏爱自己、妾因为害怕自己、客因为有求于自己，所以都说自己比城北徐公美。邹忌从中悟出自己受到了蒙蔽，从而想到齐威王受到宫妇左右、大臣、百姓的蒙蔽比自己更严重，于是将此事告知齐威王，希望齐威王广开言路。

齐威王听后认为很有道理，欣然采纳邹忌的建议，悬赏纳谏。齐威王下令能当面指出国君过失的，给上赏；上奏章规劝国君的，给中赏；在朝廷或街市中议论国君过失的，给下赏。

刚开始时，群臣前去进谏，朝廷门口、院子里每天像市场一样热闹。数日之后，进谏者一天天减少。一年之后，由于齐国政治得到彻底改善，人们想提意见却无意见可提了。

另一则齐威王纳谏的故事载于《史记·滑稽列传》。据记载，一次，淳于髡出使外国顺利归来。齐威王很高兴，在后宫办了酒席，召淳于髡喝酒，酒宴中，威王问："先生能喝多少酒才醉？"

淳于髡回答："臣喝一斗也醉，喝一石也醉。"

威王说："先生喝一斗就醉了，怎么还能喝一石呢？"

淳于髡说："在大王面前赏酒，执法官在旁边，御史在后边，我心怀恐惧，不过一斗也就醉了。如果家里来了贵客，我小心地在旁边陪酒，不时起身举杯祝他们长寿，那么喝不到二斗也就醉了。如果朋友故交突然相见，互诉衷情，可以喝五六斗。如果是乡里间的盛会，男女杂坐，无拘无束，席间还有大博、投壶等娱乐项目，我心中高兴，大概喝到八斗才有两三分醉意。天色已晚，酒席将散，酒杯碰在一起，人们靠在一起，男女同席，鞋子相叠，杯盘散乱，厅堂上的烛光熄灭了，主人留髡而送客，女子薄罗衫轻解，微微地闻到一阵香气，这个时刻，我心里最欢快，能喝一石。"最后，淳于髡说明用意："故曰酒极则乱，乐极则悲，万事尽然。"

享乐的追求是无穷尽的，一味地追求享乐，就会走到邪路上去。齐威王听后立马便悟到淳于髡是在规劝自己，马上停止了通宵达旦的饮酒，将更多的精力用到处理朝政上。

齐威王广开言路、善于听从进谏的做法使得其治国成效卓著，在不长的时间里，便使齐国府库充实、国力强盛，最终开创了"复霸"的局面。

4.广用人才

广泛搜求人才，不问贵贱。古人求贤的最高目标是要做到"野无遗贤"，就是要把所有优秀人才全部搜罗起来，并全部任用，让他们"在朝"为官，而不让一人遗漏"在野"。当然这实际是达不到的，但作为一种努力的目标，还是很有号召力和感染力的。要想做到"野无遗贤"，首先就要开阔视野，广泛搜求，不论出身，不分贵贱，不管是住在繁华都市，还是住在

明张路《宁戚饭牛图轴》

穷乡僻壤，只要确有真才实学，能够济世安民，就要千方百计礼聘出山，加以重用。

为了将更多的人才吸引到齐国，管仲建议齐桓公："以游士八十人，奉之以车马衣裘，多其资币，使周游于四方，以号召天下之贤士"（《国语·齐语》）。提出"选天下之豪杰，致天下之精材，来天下之良工，则有战胜之器矣"（《管子·小问》）。大张旗鼓地向天下宣示齐国特别尊重人才的政治主张，吸引天下贤才入仕齐国。

据《新序·杂事》记载，卫国人宁戚，少年时代聪慧好学，但志向远大的他在卫国无以施展自己的才略。当他听说齐桓公、管仲尊贤重士、励精图治、振兴齐国之时，便决心投奔齐国，一展宏图。因家里穷困不堪，没有盘缠，不得不受雇于卫国商人，替人赶着拉货的牛车，来到齐国都城临淄，晚上露宿在临淄城西门外的康浪河边。齐桓公晚上出城到郊外迎接客人，正巧碰见了宁戚。宁戚在车下给牛喂食，用力敲着牛角，唱起了悲伤的歌："南山矸，白石烂，生不逢尧与舜禅，裋布短衣适至骭，从昏饭牛薄夜半，长夜漫漫何时旦？"歌词大意是：南山的矸石堆里，白色的石头灿烂耀眼；而我却怀才不遇，没有遇到尧舜那样的明君！粗布衣单薄，短得才到我的肋间，从黄昏开始喂牛，一直喂到夜半！唉！长夜漫漫，何时才到明天！又唱道："康浪之水白石粲，中有鲤鱼长尺半。縠布单衣裁至骭，清早饭牛薄夜半。黄犊上坂且休息，吾将舍汝相齐国！"意思是白石璀璨，照耀在清澈的康浪河里，一尺半长的鲤鱼在其间快乐嬉戏。我穿着短到肋间的单薄纱衣，从早到晚喂着牛，已身心俱疲。黄色的小牛犊上了山坡要休憩，我要离开你，辅佐齐君振兴大齐。

齐桓公听到歌声，觉得此人非凡，立刻派人前去打问，知宁戚是不凡之辈，遂让随行官员把宁戚接回安置，赐以衣服，以待明天接见。

第二天一大早，齐桓公就把宁戚请来。齐桓公首先问政于宁戚，宁戚畅谈了自己关于治理内政的设想，两人谈得十分投机，约好明天继续交谈；第三天，他们两人纵论天下大势及其对策。齐桓公听了非常佩服，立刻就要授以官职。左右大臣不放心，说："宁戚是卫国人，卫国距齐不远，还是派人到卫国去调查一下他的为人。如果真是一位贤人再授以官职也不算迟。"齐桓公果断地说:"不然。吾患其有小恶者,民知小恶忘其大美,此世所以失天下之士也!"齐桓公认为,天下十全十美的人是没有的,用人之长就可以,若因为一点小毛病而抹杀一个人的大优点、大才干,做君主的就会因此失掉天下贤人的心。齐桓公立即把宁戚交给管仲。

管仲任相刚三个月,要为齐桓公组建一个国家上层管理班子。他认为自己在开辟土地使之成为城邑,开垦荒地使之增产粮食,增加人口,尽土地之利等方面,都不如宁戚,建议桓公任命宁戚为"大司田",管理齐国的农业。宁戚任职后,全面贯彻了管仲的农业改革方针,使齐国农业迅速发展,为强国富民奠定了基础。

管仲晚年,身体多病,有关国家的大政方针,桓公更多地征求宁戚的意见。桓公问宁戚说:"仲父已经年老了,辅佐我的日子不多了,我担心以后法令不行,官吏失职,百姓不满,国多盗贼。怎样使奸邪不起,人民丰衣足食呢?"宁戚回答说:"为人才开辟道路,考察了之后再任用,尊重他的职位,加重他的俸禄,显扬他的名声,这样天下的贤士就会接踵而至了。"桓公又问:"选贤任能的制度早就制定好了,为什么奇才总是不来呢?"宁戚说:"这有五种原因:一是君主并非真好士,所以周围多阿谀奉承之徒;二是听了好的意见不去实行;三是因循守旧,眼光只放到身边少数人身上;四是打击迫害贤士;五是主管者擅政弄权。这叫作'五阻',去掉这'五阻',人才就会接踵而至;'五阻'不去,则上蔽吏民之情,下塞贤士之路。

明主要像大海吸纳百川那样招揽人才，国家才能长治久安，成就大业。"宁戚的话深深地打动了桓公，他感慨地说："您说得太好了，我要把'五阻'当作镜子，随时警示自己。"

齐桓公广纳天下贤才，用人不疑，用人之长的坚定态度和广阔胸怀，值得我们今天传承和弘扬。

（二）德才兼备，廉洁奉公

选人用人重德才，是古今中外的通则。从先秦开始，古人在论述人才的素质条件时，就已注意从品德和才能两方面来考虑问题了，并相继提出了"既知（智）且仁""才行俱兼""才行兼备""才德兼优"等概念。不仅如此，古人还非常明确，并相当科学地论述了"德"与"才"之间的关系，先后提出了"德"为"才之帅"，用人以"德行为先""德行为首""以德为本"等概念。我国古代对德才的认识经历了不断发展的过程，留下了许多深刻论述。《周易》中提到，"德薄而位尊，知小而谋大，力小而任重，鲜不及矣。"唐代魏徵在与唐太宗论择才的时候说："天下未定，则专取其才，不考其行；丧乱既平，则非才行兼备不可用也。"（《资治通鉴·唐纪十》）明代吕坤在《呻吟语》中写道："小人只怕他有才，有才以济之，流害无穷；君子只怕他无才，无才以行之，斯世何补"。[1] 古人清醒地认识到，建

---

① （清）金缨：《格言联璧》，伊犁人民出版社 1999 年版，第 145 页。

功立业、安邦定国，需要德才兼备的人才。齐鲁两国在选任官吏时也建立和遵循一定的规范和标准，比如以德为主，德才兼备。

1. 姜太公对德才的要求

周取代商获得政权后，认识到殷商灭亡的重要原因就是失德，因此周朝对德看得非常重要，提出了"敬德保民"的主张。这也是姜太公在用人思想上更重视德的根源。

 知识链接

敬德保民

西周时期的重要政治理念，强调统治者应通过修养自身德行（"敬德"）以维护天命，同时重视保障民众福祉（"保民"），从而实现政权的长治久安。周初统治者在总结商朝灭亡教训时提出，认为商纣王因失德失民而失去天命，故周王朝需以"德政"巩固统治。"敬德"，就是要求统治者严于律己，遵循礼法道德，以身作则，以"德"作为执政合法性的依据。"保民"，就是主张关注民生、体恤百姓疾苦，通过轻徭薄赋、慎用刑罚等措施安定民心，体现对"民"之力量的重视。"敬德保民"的提出，是将道德伦理与政治实践相结合，奠定了儒家"仁政""民本"思想的基础，也标志着中国古代政治思想从神权主导转向德治与人本，成为后世"以德治国"理念的源头。

姜太公重德，在《六韬》中表现得非常清楚。当文王问他"树敛何若而天下归之"的时候，他回答说："天有时，地有财，能与人共之者，仁也，仁之所在，天下归之；免人之死，解人之难，救人之患，济人之急者，德也，德之所在，天下归之；与人同忧同乐、同好同恶者，义也，义之所在，天下赴之；凡人，恶死而乐生，好德而归利，能生利者，道也，道之所在，天下归之"（《六韬·文韬·文师》）。

当文王问太公如何才能不失民时，太公回答说国君有"六守"："一曰仁，二曰义，三曰忠，四曰信，五曰勇，六曰谋"（《六韬·文韬·六守》）。这里所说的仁、义、忠、信，都可以归入德的范畴。正因为德可以使天下人归顺，所以，太公在用人思想上偏重于贤人的德行就是必然的了。

姜太公在回答周武王"何种人才算得上是上乘良将"时提出了"五材十过"的标准。就是有五种应有的美德和十种应该避免的过失。其中，五材是：勇、智、仁、信、忠。"勇则不可犯，智则不可乱，仁则爱人，信则不欺，忠则无二心。"有了勇敢就不会被轻易侵犯，有了智慧就不会被轻易迷惑，有了仁德就会爱护他人，有了诚信就不会被人欺瞒，拥有忠诚就不会对君主有二心。这"五材"充分体现了姜太公对于将帅的德才要求，既要有勇、有智之才干，还需具备仁、信、忠等品德，否则不足以为将帅。

姜太公所提出的"十过"："有勇而轻死者，有急而心速者，有贪而好利者，有仁而不忍人者，有智而心怯者，有信而喜信人者，有廉洁而不爱人者，有智而心缓者，有刚毅而自用者，有懦而喜任人者。"（《六韬·龙韬·论将》）所谓十种过失，就是勇猛却轻于赴死，急功近利想要速战速决，贪婪好利，仁慈却当断不断，谋略过人却心中懦弱，诚信却轻信别人，廉洁却不爱护别人，聪明却胆怯，刚强而自以为是，懦弱而毫无主见。这"十过"是对将帅德才的进一步要求，有能力而不蛮干，有德行而不怯弱。

《六韬》中记载周武王问姜太公：君王出动军队准备打仗，要选拔英明而有权谋的人才担任将领，要想了解士的才能高低，应当怎样挑选呢？

姜太公列举了外表和内心往往不相符合的十五种情况，比如：有外表严谨但实则无才无德的，有貌似温和善良但实际是盗贼的，有外貌恭敬但心中傲慢的，等等。并提出了八种考查识别人才的方法，即言、辞、间谍、显问、财、色、难、酒等考查他的辞、变、诚、德、廉、贞、勇、态等。这八种检验方法是对人才进行全面、深入考查的有效手段，能够确保选拔出的将领具备高尚的品德和卓越的才能，从而胜任领兵作战的重任，也凸显姜太公对选拔将领的德才的高度要求。

2.管仲对德才的要求

管仲在选用人才时对于"德"也是非常看重的。在管仲看来，选拔人才的标准，一是"德"，二是"能"。各级官员必须"德当其位""能当其官"。同时认为，"举德以就列，不类无德；

举能以就官，不类无能。以德弇劳，不以年伤。如此，则上无困，而民不幸生矣"（《管子·君臣下》），君主在选拔贤能之才的时候，应举拔有德行的人进入爵位的行列，不可让无德的人加入其中，要举拔有才能的人担任适当的官职，不可让无能之辈混迹于官场。把德行放在功劳之上，不因为资历年龄而加以压制。这样做，那么君主就没有困难，而人们也不会追求侥幸了。只要有德有才，即使年纪轻、资历浅，都应该大胆选用。管仲这一智谋的独到之处还包括：他把评选人才，衡量能力，考虑德行而加以举用，作为君主之"道"。他在重德才的同时，明确提出"不以年伤"。

管仲特别强调"德"的重要性。《管子·牧民》说："错国于不倾之地者，授有德也""授有德，则国安"。要保证国家的长治久安，必须选拔品德高尚的人来管理。《管子·立政》说："大德不至仁，不可以授国柄。"德行没达到仁人的高度，就不能将治国的权力交给他。《管子·君臣下》说："其选贤遂材也，举德以就列，不类无德；举能以就官，不类无能。以德弇劳。"在选拔贤人的时候，要使那些有德行的人进入爵位行列，不能包括无德的人；要让有才能的人担任官职，而不要无能的人。把德行放在首位，不讲究资历年龄。

怎样才算"有德"呢？《管子·枢言》说："日益之而患少者，唯忠；日损之而患多者，唯欲。多忠少欲，智也，为人臣者之广道也。"《重令》篇也指出，作为官员，不能蒙骗上级、结党营私、贪图名利，应该"竭能尽力而不尚得，犯难离患而不辞死"。忠于职守，减少贪欲，是管仲提倡的官德的重心。

对于那些有才无德之人，管子反对任用。《管子·立政》有这样一段论述"德厚而位卑者谓之过，德薄而位尊者谓之失。宁过于君子，而毋失于小人。过于君子，其为怨浅；失于小人，其为祸深。"在管子看来，品德很好的人而地位低下，这是用人上的过错；品德不好的人地位却很尊贵，这是用人上的失误。宁可在使用君子上有过错，也不要用人失误而错用小人。在使用君子上有过错，君子即使有怨也不会太深；而如果误用了小人，那祸患可就深啦！

据《史记》记载，管仲病情严重时，齐桓公向他询问易牙、公子开方、竖刁三人能否继承相国之位，管仲都不同意，理由是此三人为了讨好君上，各自的行为均突破了道德底线：易牙"杀子以适君，非人情"；公子开方"倍亲以适君，非人情"；竖刁"自宫以适君，非人情"。然而，齐桓公最终没有采纳管仲的意见。后来齐桓公病倒后，三人趁机作乱，杀死许多官员，并堵住宫门，筑起高墙，不让人进宫。齐桓公死后，两个多月没人葬。史书称，"桓公尸在床上六十七日，尸虫出于户"，尸体上长的蛆虫爬到了门外。齐国也陷入内乱。正如北宋司马光说，德胜才谓之君子，才胜德谓之小人，"君子挟才以为善，小人挟才以为恶。挟才以为善者，善无不至矣；挟才以为恶者，恶亦无不至矣。"齐桓公一开始重用贤人，使得民富国强，称霸诸侯，但晚年不听贤人之言，重用无德的奸邪小人，结果落得个死后无人葬。可见用人重才不重德，易造成用人失误，给百姓和国家带来危害和损失。

3.孔子对德才的要求

对人才的标准问题，孔子虽然并没有进行过系统明确的论述，但是我们可以依据孔子培养人才的标准，来推测他心目中的人才标准。《论语·先进》中提到了孔子的十大弟子，并将其分为德行、言语、政事、文学四类，其中"德行"在这四种类别中居于首位，可见孔子是将品德作为衡量人才的首要标准。"志士仁人，无求生以害仁，有杀身以成仁"（《论语·卫灵公》），在孔子看来，"仁"是最高的道德境界，也是人才应不懈追求的品质，人才应把"仁"看作比生命更重要的东西，因为"仁者爱人"，所以人才还应具有"泛爱众"的情怀。孔子在传道于弟子时说："吾道一以贯之"，对此，曾子解释道："夫子之道，忠恕而已矣！"（《论语·里仁》）"忠"就是忠于内心、尽心竭力；"恕"就是"己所不欲，勿施于人"。因此，"忠恕"也可以说是孔子对于人才在品德方面的要求。此外，《论语》中还有孝、悌、忠、义、勇、恭、宽、信、敏、惠等诸多道德要求，都是孔子注重人才德行的表现。

《荀子·哀公》中记载鲁哀公向孔子请教如何选取人才，孔子回答说："不要选用逞强好胜者，不要选用以势压人者，不要选用夸夸其谈者……对人才必须先要求忠诚厚道，其次才要求具有智慧才能。一个人如果不忠诚厚道却很有智慧和才能，那就如同豺狼一样，是不可以与他亲近的。"在孔子看来，选用人才必须"先德后才",一个人只有在道德上具备一定的条件,然后才可以谈能力。

孔子认为,人才除了应具备良好的德行,还须具备广博的知识和一定的能力。《论语·述而》曰:"子以四教:文、行、忠、信",孔子将文、行、忠、信作为培养人才的四种内容。除了德行,孔子培养人才时还特别注意文教。他删订《诗》《书》《礼》《乐》《易》《春秋》,并将其作为教材,使学生能够更好地掌握文献知识;同时还教授礼、乐、射、御、书、数六种基本技能,以此培养学生全面发展的能力。此外,孔子还十分注重人才的实践能力,他说:"诵《诗》三百,授之以政,不达;使于四方,不能专对,虽多,亦奚以为?"(《论语·子路》)孔子认为,人才不但要有广博的知识,还应具备将所学知识运用到实际工作中的实践能力。

在孔子看来,人才的另一标准是应事接物,保持中庸。"中庸之为德也,其至矣乎!民鲜久矣。"(《论语·雍也》)意思是说,中庸是至高的道德修养境界,长期以来,已经很少有人能做到了。孔子认为,"中庸"是至高之德,人才处世应该秉持中庸之道,中正平和;这一点,也可以通过孔子的其他言论来参证。"无适也,无莫也,义之与比"(《论语·里仁》),就是说,君子立身处世、应事接物,既无所排拒也无所倾慕,而是以是否合于道作为衡量标准。孔子认为"过犹不及"(《论语·先进》),即凡事都要尽可能追求一种恰当合理的状态,不能过,也不能不及。"中庸"是儒家关于个人修养和社会治理的基本价值指向，亦称中庸之道。"中"即不偏不倚，中正，中和；"庸"即平常。"中庸"指为人处世要持守中正之道，不偏不倚，也可以理解为一种过犹不及的处世方式。

4.墨子对德才的要求

"尚贤"，是墨子最重要的思想主张之一。墨子眼中的"贤良之士"有什么标准呢？《墨子·尚贤上》："况又有贤良之士厚乎德行，辩乎言谈，博乎道术，此固国家之珍，而社稷之佐也。"墨子认为贤良之士德行厚重，言谈辩证，学术渊博，这是国家的珍宝、社稷的辅佐之臣啊。这里墨子提出了能称之为"贤人"的三个标准：

"厚乎德行"，是贤人的德行标准。贤人要"兴天下之利，除天下之害"，秉兼爱之心，行利人之事。墨子重视"贤人"的奉献精神："为贤之道将奈何？曰：有力者疾以助人，有财者勉以分人，有道者劝以教人。"（《墨子·尚贤下》）强调要爱人、利人。墨家重视利，认为"义，利也"，要"志以天下为芬，而能能利之"（《墨子·经说上》）。意思是：（兼爱）行义，就是与民以利，要立志把天下的事当成自己的分内之事，去兼利万民。

"辩乎言谈"，是贤人的知行能力标准。贤人要思维敏捷，逻辑能力强，表达能力出众。能"明是非之分，审治乱之纪，明同异之处，察名实之理，处利害，决嫌疑"（《墨子·小取》），辨析事理逻辑清晰，说服力强，影响力大，才能推行墨子学

| 位于山东滕州的墨子纪念馆外景

说，贯彻"兼爱"主张，实现利人之旨。墨子对言谈之辩的重视异乎寻常，为此专门创立了"墨辩逻辑学"，成为我国古代最为完善的古典逻辑体系。

"博乎道术"是贤人的知识技术标准。广博精通各种技艺，是救世利人的能力和保证。《墨经》一书包罗万象，容纳百科。孔子开创私学，有教无类，扩大了教育对象的范围，开启了民智。他和他的拥趸培养了一代代治世贤才，为封建王朝的治理和社会发展提供了人才基础，其伟大自不必说。墨子继承了孔子的教育传统，教育对象范围更为扩大，而且因为生活生产的需要，以及军事守御技术的需要，墨家在教育内容上进一步扩大、完善，也拓展了"有教无类"的内涵。依据所从事的行业，墨家的教育内容包括农、工、商、军、士等行业知识，甚至包括培养官员。依据不同的学科，墨家的教育内容包括政治学、经济学、哲学、伦理学、逻辑学、天文学、物理学、数学、力学、光学、工程技术学等诸多学科。墨子的教育内容的"有教无类"，使民族的科技知识、生活生产知识、军事守御知识有了系统的传承。

墨子讲求"志功合一"，认为"士虽有学，而行为本"（《墨子·修身》），贤良之能和贤良之义是统一的。也就是说，能够称得上贤良的基本素质，必须是"德行厚"和"道术博"的统一。

（三）鉴才有术，慧眼识英

正确地认识和识别人才，古人谓之"知人"。知人识才含义广泛，包括识别哪些人是人才，哪些人不是人才；判定人才属于什么类型，是治国人才还是治军人才，是理论人才还是技术人才，是开创型人才还是守成型人才，等等；判定人才的价值和层次，是杰出、优秀还是一般，等等。知人识才是正确用人的前提。只有发现人才，才能使用人才；只有了解人才的长处和短处，才能做到人尽其才，才尽其用。所谓"知人善任"，只有先"知人"，然后才能谈得上"善任"。

用人者能不能识才，直接关系到国家能不能得到真正的人才。如葛洪在《抱朴子·擢才》中所说"夫以玉为石者，亦将以石为玉矣；以贤为愚者，亦将以愚为贤矣。以石为玉，未有伤也；以愚为贤者，亡之诊也"，如果将蠢才看成贤才，国家就有可能出现灭亡的危险。同时，只有识才，才能发现人才，继而给优秀人才一个展示才华的机会，为国为家作出贡献，并以此激发人才的忠诚和奋进，调动人才的积极性。所谓"士为知己者死"，很多人把受到赏识和重用看作是用人者对自己的恩德，并为报答"知遇之恩"而竭心尽力。

然而识别人才不是一件简单的事，这不仅仅是因为有的人口是心非，善于伪装，还在于，即使是真实的表现，有时也会令人难以判断是好是坏。清代康熙曾说："世人秉性何等无之，有一等拗性人，人以为好者，彼以为不好；人以为是者，彼反以为非。此等人似乎忠直，如或用之，必然偾事。"① 因此若想识别真正的人才需谨之慎之。

1. 尚贤谨防"六贼""七害"

《六韬·文韬·上贤》中记载，周文王问姜太公，作为君主应该尊崇什么人，抑制什么人，任用什么人，罢免什么人呢？又应该严禁什么事，制止什么事呢？姜太公回答说："王人者，上贤，下不肖，取诚信，去诈伪，禁暴乱，止奢侈。故王人者，有六贼七害。"在姜太公看来，用人之事关乎国家兴亡，因此君主要尊崇德才兼备的人，反之，就是要抑制无才无德的人；任用忠实诚信的人，除去奸诈虚伪的人；严禁暴乱的

---

① （清）康熙撰，王翠菊、范英梅评注：《庭训格言全鉴》，中国纺织出版社 2017 年版，第 173 页。

行为，禁止奢侈的风俗。因此，姜太公提出用人应当警惕六种坏事、七种坏人，即谨防"六贼七害"。

"六贼"即六种坏事：

第一"贼"："臣有大作宫室池榭，游观倡乐者，伤王之德。"如果大臣中有大修宫室池榭，游玩观赏，行铺张浪费、骄奢淫逸之事的，就会败坏君王的德政。

第二"贼"："民有不事农桑，任气游侠，犯历法禁，不从吏教者，伤王之化。"百姓中如果有不从事农桑，意气用事，效仿游侠，违犯法令，不服从官吏管教的，就会败坏君主的教化。

第三"贼"："臣有结朋党，蔽贤智，障主明者，伤王之权。"臣僚中如果有结交朋党，并以此来抑制贤人君子的发展，阻碍君主了解真实情况，干扰君主的判断，这种人会损害君主的权力。

第四"贼"："士有抗志高节，以为气势，外交诸侯，不重其主者，伤王之威。"士人中如果出现妄自尊大、心高气傲、标榜节操、气焰嚣张、私自勾结外国诸侯，不尊重君王的，就会损害君主的威严。

第五"贼"："臣有轻爵位，贱有司，羞为上犯难者，伤功臣之劳。"群臣中如果有轻视爵位，藐视上级，轻视自己所承担的官位责任，不愿意为君主冒险犯难的，就会损害、打击功臣的积极性。

第六"贼"："强宗侵夺，凌侮贫弱者，伤庶人之业。"把持宗族权力，欺辱贫弱百姓，这种人会损害百姓，伤害国家的根本。

"七害"即七种坏人：

第一种："无智略权谋，而以重赏尊爵之故，强勇轻战，侥幸于外，王者慎勿使为将。"没有智谋，没有权谋的人，但是却能够获得高官厚禄，得到赏赐。并且，他们会自恃自己的地位，逞强草率地发动战争，企图侥幸地获得胜利。这样的人，切记不能够任命为将领。

第二种："有名无实，出入异言，掩善扬恶，进退为巧，王者慎勿与谋。"有虚名而无实才，表里不一，遮蔽贤人君子的优点，宣扬他人的缺点，投机取巧。这样的人，切记不能与他商讨谋略。

第三种："朴其身躬，恶其衣服，语无为以求名，言无欲以求利，此伪人也，王者慎勿近。"表现得很谦卑，衣服朴素，将自己伪装成无欲无求，但是在暗中却一直想着如何去谋求利益，这样的人是虚伪的，切记不能够跟他们走近。

第四种："奇其冠带，伟其衣服，博闻辩辞，虚论高议，以为容美，穷居静处，而诽时俗，此奸人也，王者慎勿宠。"这也是善于伪装之人，这种人以奇装异服、衣着华丽、博闻善辩、高谈空论装出一副高人之姿，居住在简陋的地方，恶意诽谤国家时事以及风俗习惯，这是奸诈之人，切记不能够宠信他们。

第五种："谗佞苟得，以求官爵，果敢轻死，以贪禄秩，不图大事，得利而动，以高谈虚论，说于人主，王者慎勿使。"

花言巧语、谗言谄媚、不择手段，以此来求得官位，为了利益不择手段，只盯着眼前的苟且利益，目光短浅，见利妄动，以高谈阔论取悦君主之人，这样的人切记不能够任用。

第六种："为雕文刻镂，技巧华饰，而伤农事，王者必禁之。"对手工业、装饰用品十分讲究，不注重农业，一定要禁止。

第七种："伪方异技，巫蛊左道，不祥之言，幻惑良民，王者必止之。"妖言惑众，喜欢旁门左道，不行正道，用骗人的方术、奇特的技艺、巫蛊左道、符咒妖言迷惑欺骗善良民众的，必须加以制止。

由上可以看出，在选用人才时如果单纯从表面去了解一个人，是非常容易误判的。姜太公在周文王请教"任贤选官"的原则时，就直言选才应谨慎，除了不要用小人、奸伪的人，还要防止六种不好的事和七种坏人任以高官，以免危害国家。因此，姜太公总结说："如果百姓不尽力，就不是国家的良民；读书人不讲诚信，就不是品行端正的读书人；大臣如果不敢忠心进谏，就不是一个好的大臣；官吏如果不能够做到公平廉洁，就不是好官吏；宰相如果不能富国强兵，调和矛盾，让君主地位稳固，端正朝纲，明确赏罚，安养百姓，就不是一个称职的宰相。作为君主，要像龙首一样，站在高处，远观八方，仔细地审视一切，仔细地听取意见。"每一个阶层的人，都要做好相应的工作。国君作为一国之首，更必须"高居而望远，深视而审听"，审慎地思考国家的用人之道。"一人足以兴邦"，相应的一人也可以亡国，所以选择之人要仔细评估，不但要观其言行举止，能力水平，还要考察其道德品性。

2.举贤识人的"八征"

人为人才的载体。人才首先是人，是从人群中凸显出来或被发现的有才者。人才有真假之分，所以不能以人的言语、面貌、出身门第来区分，也不能以世俗的誉毁来取才用人。对此，太公说："选才考能，令实当其名，名当其实，则得举贤之道也"（《六韬·文韬·举贤》）。选才用能关系着一个国家的存亡，因此，选才用人一定要善于透过现象看本质，要能做到由表及里，去伪存真。因为如果仅从人的外表来取舍，而不从其实质去考察，那么将会产生很大的偏差。

《六韬·武韬·选将》阐述选拔将领的方法和应注意的问题。首先说明人们并不总是表里如一、言行一致的，列举了15种情况：有的外表贤明而实则不肖，有的貌似善良而实为盗贼，有的外似恭敬而内实傲慢，有的貌似谦谨而内无真诚，有的看似精干而实无才学，有的表面厚道而内不诚实，有的外多智谋而内不果断，有的外似果断而实无作为，有的外表老实而实无信用，有的外表动摇而实则忠诚，有的言行过激而办事有功效，有的外表看似勇敢而实则胆怯，有的外表严肃而实则平易近人，有的外表严厉而内心温和厚道，有的外表虚弱、形体丑陋却能受命出使无所不至、办事无所不成。被普通人瞧不起的，却往往被圣人器重。一般人不能了解，没有高明的见识是看不清其中的奥秘的。

考察人，选择人才一定要克服表面化，尤其要注意考察其不易暴露的那一面，即内心与实际能力。对此，姜太公在《六韬·武韬·发启》中强调说："必见其阳，观其阴，乃知其心；必见其外，观其内，乃知其意；必见其疏，观其亲，乃知其情。"只有对一个人既看到他的公开言论，又能观察到他私下的所作所为，才能摸透他的心思；既要看到他的外在行为，又要看透他的内心世界，才能真正了解到他的真实意图；既要看到他疏远什么人，又要知道他亲近什么人，才能知道他的真情所在。

那么，怎么来选才考能呢？用什么样的办法来识别人才的真假优劣呢？太公认为应当"富之，而观其无犯。贵之，而观其无骄。付之，而观其无转。使之，而观其无隐。危之，而观其无恐。事之，而观其无穷"（《六韬·文韬·六守》）。用今天的话来说，姜太公认为考察一个人可以用"六观"的方法，那就是：使他富起来，看他能否做到不凭借财富而胡作非为；给他以尊贵的身份，观察他能否做到不倚仗官爵，骄横放纵；托付给他以重任，观察他能否做到不专断独行；让他去具体负责处理一件事情，以观察他能否做到不隐瞒欺骗；派他去完成危险的任务，看他能否做到无所畏惧；让他接连不断地处理各种事务，以观察他能否做到应变无穷。

怎么去考察一个人的才能呢？姜太公提出了通过实践来考察识别人才的方法，即通过所谓"八征"：一是提出问题，看他是否解释得清楚；二是详细盘问，考验他的应变能力；三是通过间谍考察，看他是否忠诚；四是明知故问，看他有无隐瞒，借以考察他的品德；五是让他管理财物，考验他是否廉洁；六是用女色进行试探，看他的操守高下；七是处理危难，看他是否勇敢；八是使他醉酒，看他是否保持常态。这八种方法运用之后，一个人是贤还是不肖，就可以区别清楚了。

选拔将帅并非易事，如果依照外貌来选拔将帅，往往是靠不住的，因为人们并不总是表里如一的。只有通过举止言谈的综合分析，即通过实践来考察、识别人才，看其能否担当起领兵出战的重任，才是选拔将帅的唯一途径。

姜太公用言、辞、间、财、色、难、酒等方法和途径全方位考察一个人的辞、变、诚、德、廉、贞、勇、态等素质，乃选贤任贤排除"六贼""七害"和表里不一等"不肖"之人的法宝，不仅限于将帅的选拔，更适合于所有官员的选拔考察。

3. 选贤贵用"六守"

姜太公提出，要根据各级官吏的职能分工、要求来选取贤能，再依据各官职对官吏的要求条件来考核官吏，鉴别其才智的高下，考核其能力的强弱，评定其政绩的优劣，使之名实相当。因此，必须坚持选用贤才、任用贤才的标准。

关于选拔任用贤才的标准，姜太公提出了"六守"，即六条标准——仁、义、忠、信、勇、谋，具备这六个标准的则为贤人。太公说："给他财物，看他是否逾越礼法；给他显贵的爵位，观察他是否骄傲凌人；托付他以重任，观察他是否一心为公；任用他处理事务，观察他是否虚伪欺骗；使他处于危险的境地，观察他是否临危不惧；派他去处理复杂的事务，观察他是否有应变的才能。富裕而不逾礼法的，是仁爱之人；尊贵而不骄横的，是正义之人；身负重任而能坚定不移去完成的，是忠诚之人；处理问题而不隐瞒欺骗的，是信用之人；身处危难而无所畏惧的，是勇敢之人；面对突发事件而应付自如的，是有智谋的人。”

由此可以看出，姜太公强调选拔人才要坚持德才兼备、以德为先的原则，并且强调选拔人才要经过全面、细致的考察。符合条件者，方可任用。姜太公的这一选才、用才原则，具有很强的创新精神。

4. 用人以“三本四固”

所谓“三本”就是用人的三项根本原则。管仲提出三种人不能选拔使用：“一曰德不当其位，二曰功不当其禄，三曰能不当其官。”（《管子·立政》）因为管仲认为这三条原则是治国用人的根本，所以被称作“三本”。意思是，在一个国家中，一是大臣的德行与地位不相称，也就是没有德行的人不能授予高的爵位；二是大臣的功劳与俸禄不相称，表现不好，没有功劳的人，不能给予优厚的俸禄；三是大臣的能力与官职不相称，主持政事没有能力，不能取信于民的人，不能任命重要官职。反之，如果道德修养不高而身居高位，贤良的大臣就得不到晋用；如果没有很大的功劳而享有重禄，勤奋的大臣就得不到鼓励；如果能力不高、未取信于民而做了大官，有才能的大臣就不会出力。如果这三个问题没有处理好，那么奸臣就会与君主亲近，小人就会手握大权。君主在上位耳目闭塞，下层就会政令不通，正道被抛弃，邪恶的事情就会与日俱增，国家就离灭亡不远了。《管子·君臣》曰："论材量能，谋德而举之。""论德而定次，量能而授官，皆使人载其事而各得其所宜。""其选贤遂材也，举德以就列，不类无德。举能以就官，不类无能。"坚持"德""功""能"并重这一任官标准对提高官吏队伍的整体素质有重要作用。

所谓"四固"即用人的四项根本政策。"一曰大德不至仁，不可以授国柄。二曰见贤不能让，不可与尊位。三曰罚避亲贵，不可使主兵。四曰不好本事，不务地利而轻赋敛，不可与都邑。"（《管子·立政》）这四条政策关系国家安稳的根本，所以被称为"四固"。意思是，君主应该谨慎对待四个问题：一是对于提倡道德而不真正做到仁爱的人，不可以授予国家大权；二是遇到贤能的人而不让位的人，不可以授予尊贵的爵位；三是执行刑罚而躲避亲贵的人，不可以让他统率军队；四是不重视农业，不注重地利，而又轻易征取赋税的人，不可以任命为地方官。这四项用人原则是关系国家安危的根本。

实际上，大德至仁，就是要求官员行仁政而爱民，坚持以民为本，为民兴利除害。见贤能让，就是要求官员胸襟开阔，以国家利益为重让贤。罚不避亲贵，就是要求官员行政廉洁，对自己的亲人触犯法律，对有权有势的人犯了罪，都应惩罚，决不徇私枉法。好本事，就是要求官员重视农业生产，增强国家经济实力，以达到富民强国的目的。官员们只有提高道德而能真正做到仁，才可以胜任国事而众人拥护；只有见到贤能进行推让，才能使大臣们协力同心；只有掌握刑罚不避亲贵，才能够威震邻敌；只有重视农业，注重地利，而不轻易课税，才能使人民热爱自己的家园。可见，坚持"四固"，对于任用德才兼备的贤者，对于富国强兵的重要作用。

任用人才，看本质、看主流、看全面，不能求全责备。《形势解》曰："任其所长，不任其所短，故事无不成，而功无不立。"《君臣上》曰："是以明君之举其下也，尽知其短长，知其所不能益，君任之以事。"意思是说：明君任用臣下的时候，要全面了解他的短处和长处，了解他的才能的极限，才委任他适当的职事。这些见解是很深刻的。

5. 晏婴的辨贤之道

什么是贤者？《晏子春秋·内篇问下》载晏子回答叔向说："正士处势临众不阿私，行于国足养而不忘故；通则事上，使恤其下，穷则教下，使顺其上；事君尽礼行忠，不正爵禄，不用则去而不议。其交友也，论身行义，不为苟戚，不同则疏而不悱；不毁进于君，不以刻民尊于国。"这种正直之士在朝为官，奔走谋生，不忘礼法；显达时就辅助国君，让他关心百姓；困厄时就教化百姓，让他们顺从国君；侍奉国君竭尽礼数，尽效忠心，不贪求爵位俸禄；不被任用就引退而去，而不怨恨。他们结交朋友，讲究信用和道义，不随便交往亲近，道不同就疏远，但不互相怨谤；不用有损品行的手段取得君主的宠爱，不靠刻民赢得尊贵。利国、顺君、爱民，这就是正士的高贵品德。这样的"正士"，就是晏子心目中的贤者。

对于如何选贤，晏婴认为首先要进行认真考察。《晏子春秋·内篇问上》记"景公问得贤之道"，晏子对曰："举之以语，考之以事，能谕，则尚面亲之，近而勿辱，以取人，则得贤之道也。"强调在实践中考察贤者，观其言谈是否博学明理，察其是否精于职事且恪守礼法。《晏子春秋·内篇问上》还记载：景公问贤君治国若何，晏子对以"其政任贤，其行爱民"。

《晏子春秋·内篇问上》记载，齐景公与晏子谈论如何识别人才的方法。晏子说：君主不能只凭个人的华丽辩辞来判断人的品行，也不能只凭旁人的称赞或非议来判断人的一生。应该是，"通则视其所举，穷则视其所不为，富则视其所分，贫则视其所不取。夫上士，难进而易退也；其次，易进而易退也；其下，易进而难退也"，根据这几条选用人才就可以了。意思是说，对仕途通达者要看他举荐些什么人，对不得志者要看他不做哪些事，对富有者要看他怎么分配使用财产，对贫穷者要看他不肯拿哪些东西。如果是上等的士人，请他来做官比较难，而辞退他很容易；中等的士人，请他做官比较容易，辞退他也比较容易；下等的士人，让他做官很容易，而辞退他可就难啦！

同时，晏婴认为选贤不应摒仇弃贱。对此晏子以桓公用管仲、宁戚的范例以明其说："昔吾先君桓公，变俗以政、下贤以身。管仲，君之贼者也，知其能足以安国济功，故迎之于鲁郊、自御、礼之于庙。异日，君过于康庄，闻宁戚歌，止车而听之，则贤人之风也，举以为大田。先君见贤不留，使能不息，是以内政则民怀之，征伐则诸侯畏之。"（《晏子春秋·内篇问下》）以桓公用仇人管仲、家贫饭牛的卫人宁戚为例，极尽说明用贤不避仇、不避贱、不避外人的道理。

6.孔子的选贤之道

对人才的鉴别，孔子也提出了一些方法和原则。

其一，鉴别人才要对其进行全方位的观察和了解。子曰："视其所以，观其所由，察其所安，人焉廋哉？人焉廋哉？"（《论语·为政》）视其所以，观察一个人的所作所为，即看他干什么；观其所由，就是观察他做事所采取的方式方法，即看他怎么干；察其所安，就是观察他对什么事安心，对什么事不安心，即看他的思想境界、志趣爱好如何，有无理想信念等。孔子认为，只要考察清楚这三项，对这个人就都看清楚了，"他还能隐藏得住吗"？

其二，鉴别人才，考察一个人的德行和才能，既要听取他人的评价，又要仔细分析他人做出这种评价的原因，而不应仅凭世俗的毁誉随意下结论。《论语》记载，有一次子贡问孔子："乡里的人都喜欢他，这个人怎么样？"孔子说："还不行。"子贡又问："乡里的人都厌恶他，这个人怎么样？"孔子回答道："还不行。最好是乡里的好人都喜欢他，乡里的坏人都厌恶他。"这还不够，孔子又说："众人厌恶他，一定要去考察；众人喜欢他，也一定要去考察。"就是说，即使事先听到了群众意见，也不能代替实际考察。因为只有通过实际考察，才能知道事先听到的群众意见是否真实；是哪些群众喜欢他，哪些群众厌恶他；大家为什么喜欢他或者是厌恶他。"不以言举人，不以人废言"。

孟子对孔子的思想在继承基础上又有所发展。"左右皆曰贤，未可也；诸大夫皆曰贤，未可也；国人皆曰贤，然后察之；见贤焉，然后用之。左右皆曰不可，勿听；诸大夫皆曰不可，勿听；国人皆曰不可，然后察之；见不可焉，然后去之。"（《孟子·梁惠王下》）

孔孟的这些论述涉及两个用人原则：第一，"国人皆曰贤"，这是群众公认的原则，其中对"群众"要作分析，只是领导者身边的人不行，只是领导干部也不行，应包括广大人民群众；第二，全面考察原则，孔、孟都强调，弄清了群众意见之后，还必须进行实际考察，只有通过全面考察，才能了解一个人的全面情况，决定用与不用。

其三，选拔人才时，不应过于注重身份和地位，只要是贤能之人，就可以选用。《论语·雍也》记载，孔子弟子仲弓的父亲地位低下，但仲弓有"可使南面"的才能，孔子对此评论说："犁牛之子骍且角，虽欲勿用，山川其舍诸？"意思是说，仲弓虽出身卑微，但他拥有出众的才华，所以一定会被重用。

其四，选拔人才要遵循量才而用的原则，不能求全责备。孔子的学生很多，且各有所长。孔子在评议学生时说，孟公绰做大国晋国赵氏、卫氏的家臣是绰绰有余的，但若是担任小国滕、薛的大夫，就会力不从心；公孙赤长于言辞，"可使与宾客言也"（《论语·公冶长》）；仲由具有一定的管理才能，可以去千乘之国管理兵役和军政。《论语·子路》记录了仲弓向孔子请教政事的一段对话："仲弓为季氏宰，问政。子曰：'先有司，赦小过，举贤才。'"仲弓做了季氏的总管，向孔子请教政事。孔子回答说，先派定各部门的负责人，赦免部下的小过失，提拔德才兼备的人。正所谓尺有所短、寸有所长，任何人都是既有优点又有不足，对此不应求全责备，而是应宽以待之。孔子主张"大德不逾闲，小德出入可也"（《论语·子张》），认为人才在大节无误的前提下，即使小节上有所欠缺，也是可以任用的。这种不求全责备的人才观，体现了孔子的人本思想，也折射出儒家特有的人文关怀。

此外，孔子还强调，为政者在选拔人才时应秉持正确的选人原则。《论语·为政》记载："哀公问曰：'何为则民服？'孔子对曰：'举直错诸枉，则民服；举枉错诸直，则民不服。'"孔子就鲁哀公提出的怎样才能使百姓信服政府的疑问，回答道："选拔正直无私的人，贬黜邪恶奸诈的人，百姓就会服从政府的政令；反之，老百姓就不会信服。"在孔子看来，选拔之人正直与否，不仅直接关系着民心向背，而且会极大地影响民众的心态和对政令的认可度，进而影响为政效果。孔子力倡选拔正直正派之人，因为正直既合乎君子的人格特质，也是为政者的重要品质。

（四）层层选拔，贤者推荐

1.庭燎招贤

古代在举行重要国事的时候，要在庭中燃起火炬，这种隆重的礼仪形式叫庭燎。庭燎招贤可以说是一种公开招聘人才的方式。根据爵位的高低，所用庭燎之数也有很大的差别，天子为百，公爵五十，侯伯子男均为三十。管仲建议齐桓公采用公爵僭用天子之礼这种国家最隆重的礼仪来公开招贤。

齐桓公任用管仲进行改革，使国力富强，成为春秋时期的第一霸主。他为了表现自己广集贤士的决心，在宫廷前燃起明亮的火炬，准备日夜燃烧，接待各地前来晋见的人才，但是不知什么原因，火炬烧了整整一年，却没有一人上门求见。有一天，京城东郊来了一个平民求见，声称自己有念久久算术口诀的才能。齐桓公觉得很可笑，派传令官告诉他："九九算术乃是末流小技，也配拿来见君王吗？"

平民回答："我听说宫前火炬燃了一年也没有人上门，这是因为君王是个雄才大略的君主，各地人才都自以为比不上他，所以就不敢登门了。我的九九算术的确是微不足道的小技术，但君王能以礼待我，还怕那些有真才实学的人不来吗？泰山之所以大，是因为它不排斥每一块小石头。江海之所以深，是因为它不厌弃每一条小溪流。《诗经》曾说古代的英明君主有事都去请教砍柴打草的农夫。只有这样，才能集思广益。”

齐桓公听后连连点头，认为这个平民说得很有道理，也是有才之士，于是就按照庭燎之礼接待了他，并尊其为贤士。齐桓公求贤若渴、举贤任能之名声因不弃鄙劣、礼待东野之人而远播。各地的贤人俊士很快便接踵而至。

2. 三选制度

管仲认为，不怕天下无才，只怕君主不用。《管子·牧民》说："天下不患无臣，患无君以使之。"因此，强调要广泛选拔人才。

管仲在选拔人才方面，极为严谨。他提出"矜物之人，无大士焉"，"凡论人而远古者，无高士焉"，"易其功者，无智士焉"，"德行成于身而远古卑人也"，"事无资遇时而简其业者，愚士也"，"钓名之人，无贤士焉"（《管子·法法》）。这为后来的人才测评学的发展起到了重要作用。人才的能力有差异，因此在任用方面就要根据各自的特点，安排他们做最适合自己的工作，这就叫因材施用。

但是如何让有才能的人尤其是基层的有才能的人凸显出来？在这个问题上，管仲提出了三选制度。

实施三选制度的前提：一是重"德"。"错国于不倾之地者，授有德也。"（《管子·牧民》）二是重"才"。"举长者，可远见也。裁大者，众之所比也。"（《管子·形势解》）三是排斥献媚取宠者。管仲向齐桓公指出，易牙杀子，公子开方背视，竖刁自宫，此三人都是居心叵测之人，万万不可亲近。在具备以上基础的情况下，才可实行由基层推荐选拔人才的三选制度。

要选拔人才首先要广泛调查人才，管仲列举了调查对象，其中不仅包括官吏、"乡子弟"、"国子弟"，还包括有"技巧"的普通工匠。要调查"处士修行、足以教人、可使帅众莅百姓者几何人？士之急难可使者几何人？"（《管子·问》）就是问：道德高尚、足以教人、可使率领群众治理百姓的有多少人？士人中，在国家急难时可供使用的有多少人？其次，在广泛调查的基础上，形成选贤制度。《管子·君臣下》曰："上稽之以数，下什伍以征，近其巽升，以固其意；乡树之师以遂其学。官之以其能，及年而举，则士反行矣。"国家核定数额，下到"什伍"这样的基层居民组织中进行选拔，缩短选升期限。每乡设立教师，为他们提供学习机会，然后根据才能授予官职，到了年限便推荐使用。

举贤授能是齐国较为成熟的用人思想路线，其选拔贤能之士的关键又在于建立有效的机制。管仲为了使人才选拔制度化、规范化，实行了三选制度。

据《国语·齐语》《管子·小匡》记载，三选的基本内容和程序是：每年正月乡长上朝，桓公亲自询问乡中有无"居处为义好学、慈孝于父母、聪慧质仁发闻于乡里者"，有无"拳勇股肱之力秀出于众者"（《管子·小匡》）。有则告，不告便以"蔽明""蔽贤"罪处罚。于是乡长回乡修德，培养并推荐贤能之士。然后桓公亲自召见，安排在官府任事，此为一选。年终，桓公命令官长书面报告新官政绩，推选其中确有突出能力的人，并普遍调查、广泛征求乡里的意见加以验证，此为二选。此后，桓公亲自召见有卓越才能的人，了解他们的素质，凡真正能够成就大事的，则立为高官，授之以大事。凡对提出许多治理国政的难题能够应对如流、回答满意的，则到乡里详细调查此人的实际能力，确有能力而无大过的，便提拔为上卿的助手，此为三选。管子确立的三选制度相当合理而又严密。早在春秋时期，就能够制定出这样成熟的人才选拔制度，不仅显示了管仲超人的聪明和才智，也显示了齐国用人制度的昌明。

三选制度是在上层建筑领域中进行的一项重大的人事制度改革，对于重新组建桓管时期的官吏队伍，起了重要作用。

首先，农、工、商皆可得入选。选拔对象方面，除"士"之外，扩展到农、工、商之人，面向劳动者，这具有历史性的意义。桓管时代，工、商业在经济发展中所起的作用更加明显。因此，在政治生活中，工、商业者的地位也越来越高。他们和"士""农"一样成为国家依靠的基本力量，诚如《管子·小匡》所言："士农工商者，国之石民也。"根据这种新的形势，齐国确定了在农、工、商中选贤任贤的方针。据《管子·大匡》载，晏子负责选拔耕者之有善者。这种打破职业禁锢选贤任能的做法，既符合齐国经济、政治的实际，又体现了时代的新要求，因此具有鲜明的务实性和开放性。

其次，选才以法制作保证。管仲的三选制是面向社会、面向基层、大张旗鼓地进行的，它不是权宜之计，而是长期坚持的制度。为避免地方官员压制埋没人才，管仲主张建立选拔人才的奖惩机制，以法制手段保证其运行和实施。对于那些有贤不报的官吏，谓之"蔽贤""蔽才"而论罪严惩。反之给以奖励。这种选才制度，使平头百姓中的贤者能被录用而进入官吏队伍。这种务实开放的人才理论及选贤任贤措施，反映了新兴贵族和下层士民反对奴隶制宗法传统、世袭制度，而凭自己的才德能力改变自身政治地位的愿望和要求，对于打破旧的世卿世禄制度，具有重要的意义。对于实现安国图霸的政治目标，有积极的促进作用。正如《管子·小匡》所言："是故匹夫有善可得而举，匹夫有不善可得而诛。政成国安，以守则固，以战则强，封内治，百姓亲，可以出征四方，立一霸王矣。"

3. 外引内举

推荐德才兼备的贤人担任国家重要职务，是治国理政的需要，所以历代君主都很重视，往往在发布全国的诏书中、在与大臣的谈话训示中，屡屡加以强调。

据《管子·大匡》记载，齐桓公为了更准确地举荐人才，还委派心腹大臣分工负责，举荐各种人才。

齐桓公曾委派鲍叔牙管理大夫的选拔，对于劝勉国事，有功无过的，举为上等。从政、治绩属第二位，田野土地又多不荒废，办案严肃不骄的属于其次。劝勉国事，有功而亦有过，从政、虽有治绩而无能力，田野又多荒废，办案骄傲轻忽，行此三者，属于下等。派晏子管理贵人之子的选拔。对于外出不邪僻，居处不奢华，能友爱青年和长辈的，举为上等；具备上述两个条件的，属于其次；具备一条的，属于下等。士，立身谦恭，敬重老人、官长，交游不失礼节，行此三者，举为上等；具备上述两个条件，属于其次；具备一条，属于下等。种田者，非常出力，顺于父兄，而且多服其劳，有此三者，举为上等；有两条的，属于次等；只有一条，属于下等。派高子管理工匠、商人的选拔。顺于父兄，事长养老，接受任务能严肃对待，有此三条，举为上等；有两条的，属于次等；只有一条，属于下等。还委派国子按情节判断刑狱，三位大夫的选拔举荐工作做完以后，管仲要进一步与被选拔举荐的人谈话，然后上报与国君见面，终年如此，由国君选用。

为培养大批可用的人才，管仲首创了大规模养"士"的先例。他把齐国的"士"定为四民之首，给予较高的地位和待遇；让他们脱产学习文武知识，让官府配合他们的自学加以教育。他们平时是知识阶层，"处闲燕"，战时则是国家的军人，优秀的士人还可被提拔为官吏。他还将农民中的优秀者推升为士。除此之外，管仲还竭力广招天下的人才加盟齐国政坛。"又游士八千人，奉之以车马衣裘，多其资粮，财币足之，使出周游于四方，以号召收求天下之贤士。"（《管子·小匡》）安排专门的人员从事引进人才工作，使人才入仕齐国，如选拔曹孙宿、宁戚等人，对齐国的复兴和强盛起到了积极作用。

此外，管仲还注重对外引内举的人才做到人尽其才、量才使用。管仲提出"任力有五务"，即"君择臣而任官，大夫任官辩事，官长任事守职，士修身功材，庶人耕农树艺"（《管子·五辅》），就是说人各有差，在人才的使用上，要用其所能、避其所短，即"授事以能，则人上功"（《管子·问》），如果让他去做力不能及的事，只会劳而无功。管仲还主张对推荐上来的人才进行一定的考核，以辨明他的虚实真伪，保证人才质量的可靠性。"使智者尽其智，谋士尽其谋，百工尽其巧"（《管子·山至数》），努力做到人尽其才，使人才最大限度地为齐国政权服务。管仲将这种"尊贤尚功"的人才路线制度化、规模化，不失为一项重大创新，也开创了战国时代养士游说、招贤纳士的先河。

贤者推荐人才，是春秋战国时期选拔任用贤能的重要途径。但是，秉公荐贤并不是人人都能做得到，有意蔽贤的现象却经常发生。因而，历代政治家、思想家一直大力推动荐贤之事，对秉公荐贤之人有很高评价，美誉有加。历史上大多数朝代都强调过荐贤有功、蔽贤有罪的思想。齐国甚至规定："凡县吏进诸侯士而有善，观其能之大小以为之赏，有过无罪"（《管子·大匡》），赏赐引荐有功的人员。如此宽松的政策，调动了各级官员引荐人才的积极性。

孔子曾说，齐国的鲍叔牙、郑国的子皮都是贤者。他的学生子贡不解地问："齐国的管仲、郑国的子产不是比他们更贤吗?"孔子反问道:"你觉着推荐比自己优秀的人担任重要职务,与自己努力去担任这一职务,哪个更优秀?"子贡也承认是"举贤为贤"。孔子接着说:"我听说鲍叔牙举荐了管仲,子皮举荐了子产,但未听说过管仲、子产举荐过什么人。"子贡也承认是"举贤为贤"。孔子的"举贤为贤"思想影响深远,后人多以能够举贤为荣,从而广开进贤之路。

据《孔丛子·对魏王》记载,孔子的七世孙孔穿觐见齐王,齐王问他,谁可以做临淄的行政长官,孔穿就推荐管穆,齐王说:"管穆相貌丑陋,老百姓不会尊敬他。"孔穿说:"老百姓是否敬重一个人,是因为他的品行。我之所以举荐管穆,就是因为他的才能品行,你应该知道晏子、赵文子。晏子身高不过三尺,面貌也很丑,但全国人民都很敬重他。赵文子身体很单薄,弱不禁风,说话也像娇羞的说不出口,相貌也很丑,但他担任晋国相国以后,把国家治理得安定团结,各国诸侯无不叹服,这是才能品行的缘故啊。管穆要是和这两个人比,相貌还算好的。以前我在临淄,在市场上看到一个屠夫,身高八尺,相貌堂堂,发须也很美,可整个市场上没一个敬重他的,可见敬重与否是德行而不是相貌的缘故。"齐王说:"你说的这个人是祖龙始,确实和先生说的一样啊。"于是齐王便任命管穆为治理临淄的官员。

同时,齐国还为引进人才提供便利措施。如在基层设立便利诸侯国人自荐组织,每三十里有驿站,并有专人负责食宿和管理出入境,还对妨碍人才自荐的官吏进行处罚等。

海纳百川，有容乃大。由于齐国统治者具有"远人至而不去，则有以畜之也；民众而可一，则有以牧之也"（《管子·权修》）的包容气魄，能够容纳不同国家、宗族、贵贱有差的人才，因此吸引了大批能士为己所用。据《管子·中匡》载，由于齐国大量引进、招待人才，致使齐国的费用"三分之二在宾客，其一在国"，但桓公并不在乎，认为值得。

当然，引进和推荐人才并不是毫无原则。孟子强调对人才的考察与选拔应当采取审慎的态度。孟子说："国君进贤，如不得已，将使卑逾尊，疏逾戚，可不慎与?"（《孟子·梁惠王下》）对此，赵岐注曰："言国君欲进用人，当留意考择；如使忽然不精心意，如不得已而取备官，则将使尊卑亲疏相逾，岂可不重慎之?"（《孟子注疏》卷二）这表明了孟子对尊贤的重视与谨慎。如何谨慎推举贤能之人呢? 孟子认为要着意于各层面的意见以为参考："左右皆曰贤，未可也；诸大夫皆曰贤，未可也；国人皆曰贤，然后察之，见贤焉，然后用之。左右皆曰不可，勿听；诸大夫皆曰不可，勿听；国人皆曰不可，然后察之，见不可焉，然后去之。"（《孟子·梁惠王下》）无论是任用一位贤者，还是罢黜一个官吏，都要听取左右近臣、诸大夫、普通民人等多方的意见建议，进行综合的实际考察，最终才能作出决定。孟子试图在人才任免过程中尽量听取多方意见，在当时虽有不切实际之处，但表现了他对人才任免程序正当性的洞见，与管仲三选制有相似之处，而汉世贾谊对于官吏选任的思考与此亦有一脉相承之处。

三、用才：发挥选贤任能的政策优势

　　尊才、选才是选贤任能的基础，用才是选贤任能的最终环节，也是最重要的一个环节。经过严格选拔的人才能否发挥有效作用，关键要看如何使用人才。用才包括两个方面，一是任用人才，二是管理人才。既要有知人善任的用贤之术，又要有赏罚分明的励贤之道，才能真正发挥出选贤任能的政策优势。

（一）任用人才

我们从两段君臣的对话中可以充分感受到齐鲁文化对任用人才问题的重视。一段是周文王与姜太公的对话。周文王问姜太公："为什么君王选拔了贤能之人却没有获得相应的功绩，天下反而越来越混乱，以至于使国家变得危险乃至灭亡呢?"姜子牙回答说："选拔贤能的人却不加以任用，这是只有选举贤能的名声，却没有任用贤能的事实。"由此我们了解到在选贤任能中，任用人才是关键。知晓了任用人才之重要，那么应该如何任用人才呢?《说苑·尊贤》中记载了齐桓公和管仲讨论称霸的一段对话，这段对话揭示了用才的基本遵循。齐桓公问管仲什么行为会影响称霸，管仲回答了五种会妨碍称霸的情况：一是不了解贤能之才；二是了解贤能之才却不使用；三是使用却不委以重任；四是委以重任却不给予足够的信任；五是信任却又让小人诋毁他。这五种情况都是关于如何用人的问题。结合齐鲁两国的实践，我们可以将任用人才的原则概括为两点：一要用人所长，远离小人；二要任人不疑，人尽其用。

1.用人所长，远离小人

每个人都有优点和缺点，都有擅长的领域和不足之处，贤才也不例外。用贤有方的关键在于用人所长，也就是说要包容他们的不足，充分利用和发挥人才的优长之处。当然，在此之前要识别他们所擅长的是不是对国家有利的才能。因此用人所长的前提，在于知人善任。一方面只有对人才有充分的了解和认知，才能把人才放到合适的岗位上，使其优势充分发挥出来，另一方面要能够识别对方是真正的人才还是小人。而对于人才的不足，可以通过组建班子的方式加以规避，也就是说将具有不同才能的贤才组建成一个团体，通过取长补短，使他们在工作中充分发挥个人所长的同时，避免因个人不足造成损失，从而使国家利益最大化。

用人所长，容人之短。《晏子春秋·内篇问上》记载了齐景公与晏婴的一段对话，齐景公向晏婴询问古代的君主是如何用人的，晏婴回答这个问题时以土地作比喻，指出土地的质地不同，每种土地只能种一种植物，要求所有植物都能在一块土地上生长是不可能的。接着，他从土地说到人，指出人也是一样，人各有所长，君主用人之时，需根据其专长，委以相应职责，不可强求一人在所有事务上都能取得成功。若求全责备，即便再有智慧的人也有力所不能及的事，天地亦有无法满足的无尽欲求。晏婴由此得出：圣明的君主用人，会远离谄媚奉承之人，不让结党营私者在朝堂任职；用人所长，不强求其弥补短处，任用其擅长之事，不勉强他做不擅长的事。

晏婴作为齐国国相，对如何用人提出了很好的标准和方法。他首先提出人无完人，人都有长处和短处，都有擅长和不擅长的事情，一个人不可能什么都懂得，也不可能什么都能做好。接着他着重强调君主要远离谄谀奉承和结党营私的人。谄谀奉承的人善于察言观色，他们对君主的喜好了如指掌，专说君主爱听的话，做君主喜欢的事。这样的人一旦被重用，便会欺上压下，误国误民。结党营私的人，只管拉帮结派，这样的人一旦被重用，便会扰乱朝政。最后他指出君主任用人才的最佳方式应该是对臣子有充分的了解，任用人的长处，让他做擅长的事情，容忍人的短处，不对人才的不足之处过于苛责，即不因小疵而失大贤。

早在春秋前期，齐桓公和管仲就对晏婴所提到的方法进行了生动的实践，留下了宝贵的经验，也给后人留下了深刻的教训。齐桓公的称霸与衰败都与他的用人相关，可以说成也用人，败也用人。

齐桓公任用管仲为相，充分体现了他容人之短、用人所长的用人之策。

从一般的道德标准来看，管仲身上是存在很多缺点的。第一，贪财好利，与朋友交总想占便宜。管仲曾经和鲍叔牙一起做生意，分财利时，他却总是多要一些。第二，战场当逃兵。管仲曾经多次在打仗时逃跑，虽说不是因为胆小，而是为保命赡养家中的老母亲，但当逃兵毕竟不是光彩的事。第三，事主而不忠。管仲原本侍奉公子纠，公子纠失败后，同他一起侍奉的召忽为之殉难，尽了为臣的忠心。而管仲为了功名显于天下，没有选择尽忠自杀，而是在被囚禁遭受屈辱之后，担任齐桓公之相。在当时的社会背景下，这种行为被很多人看作是没有廉耻。第四，奢侈而不知礼。这是孔子对管仲的评价之一。

齐桓公任用管仲为相，管仲以自己家贫，而"家贫不能使富"为由，从齐桓公那里获得了一年的市租和多处田产（三归）。有了充足的财富之后，管仲的生活变得极度奢侈，甚至奢侈到与国君同样的程度，孔子曰："邦君树塞门，管氏亦树塞门，邦君为两君之好，有反坫，管氏亦有反坫。管氏而知礼，孰不知礼？"（《论语·八佾》）意思是说，"国君大门口设立照壁，管仲在大门口也设立照壁。国君同别国国君举行会见时在堂上有放空酒杯的设备，管仲也有这样的设备。如果说管仲知礼，那么还有谁不知礼呢？"管仲效仿国君，在孔子看来就是僭越，是严重不知礼的行为。

对于齐桓公个人来说，管仲还有一个常人看来难以原谅的问题，那便是管仲与他的一箭之仇。齐襄公在位时，因荒淫无度，滥杀无辜，搞得人人自危。公子小白在鲍叔牙的保护下逃到了莒国，公子纠由管仲和召忽保护逃到了鲁国。后来齐襄公在内部斗争中被杀。他的继任者公孙无知在即位一年后也被杀死。这个时候，齐国国内无君。齐国大夫以高氏和国氏最为望族。齐国正卿高傒与小白关系交好。大夫们议立新君之时，高、国两氏支持公子小白为国君。与此同时，鲁国也打探到了消息，发兵护送公子纠回国。为了保险起见，又派管仲率领另一支队伍去袭击公子小白。管仲一箭射中了公子小白的带钩，公子小白便顺势倒下装死。管仲以为已经杀死了公子小白，于是派人报告给公子纠。公子纠知道争夺君位的对手已经毙命，便不急不缓地往回走，六天后才到达齐国。而此时的公子小白已经被拥立为君，是为齐桓公。

尽管管仲有各种各样的缺点，有些甚至是难以让人谅解的，但是也具备他人所没有的长处。鲍叔牙认为管仲有五大优点：其一，心怀仁爱，宽厚待民，能以惠民之策，润泽百姓；其二，治国深谙为政之道，能精准把握国家治理的关键与原则，确保国家稳步前行；其三，为人忠诚守信，秉持诚信之道，能在诸侯之间树立起良好的信誉；其四，精通礼制，制定礼仪规范条理清晰、周全完备，可成为四方效仿的典范；其五，军事才能卓越，身披战甲，手持鼓槌，站在军门指挥，能激发士兵的斗志，使百姓皆能受到鼓舞，增添勇气。这五项显著优长，恰是齐桓公治理齐国、成就霸业、称雄诸侯不可或缺的关键因素。因此，齐桓公听取了鲍叔牙的建议，任命管仲为相。在管仲的辅佐之下，齐桓公成为春秋时期第一位霸主。

 知识链接

微管仲，吾其被发左衽矣

孔子对管仲的评价包括两个方面，一方面在个人道德修养上，他对管仲的评价不高，另一方面在政治功业上，他认为没有人能比管仲仁。"仁"是孔子思想的核心，可见，他在政治上对管仲的评价极高。《论语·宪问》有两章讨论了孔子对管仲的评价。在这两章中，子路和子贡从道德角度认为管仲没有做到仁。而孔子则从政治功业的角度否定二人的看法，给予管仲高度评价，指出："管仲相桓公，霸诸侯，一匡天下，民到于今受其赐。微管仲，吾其被发左衽矣，岂若匹夫匹妇之为谅也？"由此可以看出，孔子认为对于政治人物，不能只看小德，而要看其大德。他以齐桓公任用管仲为例诠释了"大德不逾闲，小德出入可也"的道理。

齐桓公不苛责管仲的缺点，不计较他的一箭之仇，因他有帮助自己治理国家的过人之处，便任用他为相，这是对容人之短、用人所长的生动诠释。

亲君子，远小人。晏婴在提出君主要用人所长时，也着重强调了君主要远离结党营私和阿谀奉承的小人。也就是说，用人所长，容人之短需要具备一定的前提条件，即要充分了解人的优长和缺点，确保人之所短不能危害国家利益。这里的优长和缺点是对治国来说的，若一人的优点适合治国，而缺点不影响治国的话，可以根据实际情况考虑任用。而如果他的缺点影响到治国的话，即使优点再突出也不能任用，这是任用人才的底线。这里的容人之短是指可以容忍对治国无害的短处。若对人才的优缺点没有充分的认知，那么对人才的任用往往会出现偏差，任由其短危害国家而不知，便容易造成不可挽回的后果。对此，管仲也有同样的认识。

《说苑》中记载了齐桓公与管仲之间关于治国忧患问题的一段谈话。齐桓公抛出心中疑惑，问管仲："治国最大的忧患为何？"管仲不假思索地答道："治国最应该警惕、最令人担忧的，当属'社鼠'。"齐桓公不明白管仲口中的"社鼠"究竟所指何物。管仲解释道："'社'，说的便是土地的神像。这神像的制作非常讲究，需要先将诸多木头捆绑在一起，再在外层仔细涂抹泥巴，由此成型。由于其内部中空，老鼠便常常在此安家。要是想用烟熏驱赶，只怕整根木头都烧光了，也难以伤到老鼠分毫；要是用水浇，又生怕把神像表面的泥冲坏了。老鼠之所以难以被消灭，正是因为它藏在土地神像里。所以说，'社鼠'指的就是那些借土地神像藏身的老鼠。"此处，管仲用"社鼠"来比喻君主身边那些仰仗权势谋取私利的小人。这些人行为不端，却深受君主信任，他们在朝堂之上，混淆是非，致使君主难以知晓真实情况。平日里，他们仗着君主的庇护，在百姓面前耀武扬威、作威作福，肆意欺压百姓，若不除掉他们，必然会给国家带来祸乱，可要诛杀他们，他们又有君主的庇护，着实难以根除。这些人便是国家的"社鼠"，所以，治理国家，最令人担忧的，就是这类人。

在解释完"社鼠"及其危害之后，管仲紧接着用"猛狗"比喻君主身边的嫉贤妒能之人。"有个卖酒的人，他用来盛酒的酒器十分干净整洁，还把用来招徕顾客的酒旗挂得高高的。可是，他酿的酒放酸了都卖不出去。他就问邻居这是怎么回事。邻居说：'你家的狗太凶了，有人拿着酒器进到你家店里，想买你的酒，可你家的狗扑上去咬人家，这就是你的酒变酸了也卖不出去的原因。'"管仲以此来比喻国家也有"猛狗"，他们便是那些在国君身边把持朝政的嫉贤妒能之人。当有本事、有治国方法和谋略的人想向国君建言献策时，那些嫉贤妒能的权臣为了维护自己的利益，就会像猛狗一样扑上去攻击、排挤他们，从而使贤能之人无法得到重用，危害国家治理。所以，国君必须时刻警惕身边的"社鼠"和"猛狗"，防止因他们的存在而影响对贤能之人的任用，更要防止因重用这类人导致国家利益受损。

 知识链接

訾謷之人

管仲从多种角度，在多个场合指出国君要远离小人。除了"社鼠"和"猛狗"，管仲还将政治上的小人称为"訾謷之人"。其中，诽谤诽议贤者的人称为"訾"，推举不肖之徒的人称为"謷"。管仲认为："訾謷之人得用，则人主之明蔽，而毁誉之言起。任之事大，则事不成而祸至矣。故曰，'訾謷之人，勿与任大'。"

管仲去世前劝齐桓公远离易牙、竖刁、常之巫、公子开方。易牙厨艺高超，擅长调味和烹饪，被称为厨师们的祖师爷。他为齐桓公烹饪御膳，让他尝尽了天下珍馐美味。竖刁擅长管理，替齐桓公管理后宫。常之巫擅长占卜，为齐桓公治疗顽症。公子开方，聪明敏捷，可以出使他国。他们四人中除了公子开方的优点能用于治国之外，其余三人的优点只是对齐桓公个人而言的，于国家发展无甚意义。而管仲之所以让齐桓公远离他们，是因为他了解到这几个人都是谄谀奉承之人，会对齐桓公治国产生恶劣影响。易牙为了让齐桓公吃上肉羹，把自己的儿子煮了；竖刁为了侍奉齐桓公，不惜阉割自己；常之巫巫术高强，能够预知死期和治疗顽症，让齐桓公对他产生了依赖；公子开方为了效忠齐桓公，放弃继承卫国国君之位，父亲去世都不回家。在齐桓公看来，这四个人的所作所为都是忠诚于他的表现。管仲却一针见血地指出了这四个人的问题。俗话说："虎毒不食子"，父母对子女的感情是世上最无法割舍的，易牙却为了迎合君主狠毒杀死自己的儿子，这暴露了他的阴狠歹毒；人最宝贵的是自己的身体，竖刁为表忠诚自毁身体，暴露了他为达目的不择手段的本性；把自己的生死寄托在巫师身上，很容易让巫师滥用权力，用巫术蛊惑人心，为所欲为；忠于自己的国家、孝敬自己的父母是人之常情，公子开方却为了留在齐桓公身边，置国家和亲情于不顾，这暴露了他有更大的野心。早年管仲也看到了公子开方的能力，多次推荐他到合适的岗位，但是因其所作所为实在超出常理，管仲也看出了他的野心。易牙、竖刁、公子开方的行为丧失了道德底线；生老病死是人之常情，生病应就医，而齐桓公却把身体状况寄托于巫师，齐桓公对常之巫的依赖属于危险依赖，他们的行为都是为了获得更大的利益，而不是真心侍奉齐桓公，更没有把心思用在为齐国谋发展上。管仲深刻认识到这一点，但碍于齐桓公对他们的宠爱，没有明说。但他时刻提防、约束着他们。他把这四人比作水流，把自己比作堤坝，有自己在，他们不能干扰大局。但是齐桓公却没有看清他们四人的本性，对管仲的话将信将疑。虽然在管仲去世后罢免了四人，可他平常已经习惯了四人的谄谀奉承，他们四人离开之后，齐桓公感觉生活没有乐趣，终究没有克制住自己的欲望，不到一年的时间又把他们请了回来。没有了管仲对齐桓公的辅佐和对他们四人的提防与约束，他们四人便开始结党营私，肆无忌惮地专权用事，把齐国的政局搞得乌烟瘴气。第二年，齐桓公病重。常之巫对大臣们说："大王将以某日去世。"易牙、竖刁、常之巫发动叛乱，堵住宫门，切断齐桓公与外界的联系，公子开方带着数千户百姓加入卫国。最终，齐桓公被活活饿死。

一代春秋霸主的落寞收场说到底就是用人错误。齐桓公一心享受四个奸臣对自己的阿谀奉承，没有认识到他们的所作所为不会对治国起良性作用，而且他也没有真正认识到他们的不足，没有意识到他们的不足会给治国带来怎样的危害。没有做到"知人"，自然也就没有"善任"。

以上从实践层面证明了君主用人要"用人所长，远离小人"。孔子则从君子和小人用人的角度揭示了"用人所长"和"亲君子，远小人"的道理。《论语·子路》中有言："君子易事而难说也。说之不以道，不说也；及其使人也，器之。小人难事而易说也。说之虽不以道，说也；及其使人也，求备焉。"意思是说，君子很容易共事相处，但是讨好他却很难。搞旁门左道献殷勤讨好他，不会令他高兴；但在用人时，他会根据每个人的才能和特长合理安排任务，做到量才而用。反过来，与小人共事很难，却很容易讨好他。即便是用不正当、不符合道义的方式去讨好他，他也会很高兴。然而当他任用人时，却会对别人求全责备，要求别人是全能之才，各方面都完美无缺。真正的君子在用人时，既有自己的原则，但同时，对人也是不会求全责备的，而是量才而用，因才施命，让每个人都能最大限度地发挥他的长处。而小人则不同，小人用人没有原则，容易被人收买，用人时也苛刻得很，因此，事情总不能办到最好，甚至很多时候都办得一团糟。

量才而用，人事相宜。《论语·公冶长》篇记载了鲁国大夫孟武伯和孔子的一段对话。孟武伯问："子路能做到仁德吗？"孔子说："不知道。"他又问仲由如何。孔子说："仲由这个人，千乘之国可以让他去管理兵役和军政。至于他能不能做到仁德我不知道。"孟武伯问："冉求怎么样？"孔子说："冉求这个人，有一千户人口的城镇或有一百辆兵车的家族，可以让他担任行政官，不知道他是否有仁德。"孟武伯又问："公西赤这个人，怎么样？"孔子说："公西赤这个人，穿上礼服，立于朝廷之上，可以让他接待外宾，不知道他是否有仁德。"

孟武伯问孔子，子路、冉求、公西赤是否能做到仁德。孔子统一回答说不知道。实际上不是他不知道，而是他对仁的标准要求太高，三人都没有达到仁的境界。虽然在"仁"的方面有所不足，但三人都各有所长。孔子主张"大德不逾闲，小德出入可也"（《论语·子张》），就是说人才在大节无误的前提下，即使小德有所欠缺，也是可以任用的。因此孔子根据他们的特长向孟武伯建议了他们可以胜任的岗位。子路个性果敢，对事情决断快，且下了决心之后，决不动摇，这种人可做军事统帅，掌管军事；冉求多才多艺，有才华、有道德、有智慧，可以做一方的行政官，掌管内务；公西赤能言善辩，可以做外交官，掌管外交。由此可以看出，孔子深知任用人才要量才而用，做到人事相宜。他对孟公绰的评价更能直接体现这一点。孔子认为孟公绰如果去晋国的赵氏和魏氏当家臣，可以做得很好，但如果去滕国、薛国当大夫，则是不能胜任的。原因在于，孟公绰清心寡欲，晋国是大国，赵氏、魏氏是晋国中最有权势的大夫，下面有很多人，分工相对来说已经很细，如果让孟公绰去任家臣，以他清心寡欲、无欲无求的性格，能使下面的人分工合作。但是让他担任滕国、薛国的大夫，由于滕国和薛国非常小，很多人手是不全的，他就需要处理具体事务，处理具体事务就需要平衡很多的关系，只靠清心寡欲是不行的。由此可以看出，不同特点的人即使做同一类职务，也要考虑到国家发展的具体情况。

不同的岗位对应不同的人才需要。领导者要懂得任用不同的人才，按照他们的能力安排岗位，使人事相宜。在这一方面，齐鲁文化中有诸多类似的思想。比如姜太公在《六韬·文韬·举贤》中提出"将相分职，而各以官名举人。按名督实，选才考能；令实当其名，名当其实，则得举贤之道也。"意思是说，选用人才要使将相分工负责，根据官职的名称任用合适的人才。按照官名的职责考核他们的工作实绩，选拔具有真才实学的人并在工作中考察他们的能力；使他们的德才与官位相称，做到名实相符。这样做就是掌握选用人才的办法了。荀子也提出过类似的观点，《荀子·君道》提出"论德而定次，量能而授官，皆使其人载其事而各得其所宜。"意思是说，通过审查人们的德行来确定为官的等级，通过衡量人们的才能来授予官职，使每个人都承担他们的工作，而且每个人都能得到和他的才能相匹配的职务。要做到人事相宜，除了衡量个人的才能之外，更重要的是，要了解国家的发展情况，了解国家需要哪些方面的人才，需要什么样的人才。在此基础上，要对人才进行合理的安排和使用，使不同能力的人才优势互补，组建成一个各尽其能的团队，推动国家的发展。齐桓公和管仲在这方面做出过有效的实践。

齐桓公之所以能够成为春秋时期的第一位霸主，不仅仅是因他任用了管仲，更重要的是他任用了管仲、鲍叔牙和"桓管五杰"组成的官僚集团，使齐国在发展战略、经济、军事、刑法、外交、监督等领域都有坚实的保障。

管仲是一位有自知之明的人，他能够清醒地认识到自己的优点和不足，也能够认识到以自己一人之力难以让齐桓公成为春秋霸主。同时，他还有一个非常难得的长处，那就是对齐国人才的优缺点了如指掌。他在临终时劝齐桓公远离易牙、竖刁、常之巫、公子开方就是建立在洞察到他们四人都是做事突破底线，只会阿谀谄媚之人的基础之上。

管仲被任命为相之后不久，齐桓公向他询问如何任用官吏时，他就以自己对齐国现有人才的了解，向齐桓公推荐了各有所长的五位人才，分别是：隰朋、宁戚、王子成父、宾胥无和东郭牙。《管子·小匡》记载了管仲对这五位贤才和自己的评价，并根据各自能力向齐桓公推荐每位人才可以胜任的岗位。

管仲认为隰朋举止规范，进退有礼有节，言辞刚柔并济，适合做大行，掌管齐国外交；宁戚能开垦荒地使之成为城邑，开辟土地使之增产粮食，增加人口，充分发挥地利，发展农业，适合做大司田，掌管齐国农业；王子成父有非凡的军事才能，在平原旷野作战时，能让战车队列严整有序，士兵勇往直前毫无惧色，战鼓擂响之际，三军将士皆怀必死之心，奋勇向前，适合做大司马，掌管齐国军事；宾胥无审判案件，调解纷争，能做到不妄杀无辜之人，不妄诬无罪之人，适合做大司理，掌管齐国刑法；东郭牙敢于冒犯君主的颜色，进谏必忠，不怕死，不贪图富贵，适合做大谏之官，掌管齐国监察。

春秋时期，要想取得并维持住霸主地位，至少需要满足两个条件，一是赢得周王室的信赖，二是在诸侯国中树立起威信。因此，外交政策和活动的成功与否对齐国能否称霸起到至关重要的作用。外交活动的成功除了需要外交官有出色的能力之外，还必须有强大的国家支撑，其中军事和经济发展是极为关键的。而这一切的前提是国内稳定，这就离不开刑罚和监察机构的工作保障。

外交、经济、军事、刑法、监察是当时国家发展的重要领域，关系到国家的生死存亡，必须由有相应专长的人担任领导职务。管仲深知齐国的发展需要什么样的人才，他也清楚自己在这些具体事务上不如他们五人，因此向齐桓公力荐他们。但是管仲也知道他们的局限所在，比如他认为宾胥无为人好善，但不能在国家需要的时候硬起心肠，宁戚为人能干，却不懂得适可而止。任用他们五人，治国强兵足矣，但是要想称霸，必须有一个有能力统管一切领域的人才，那个人便是他自己。

齐桓公同意了他的意见，由此齐国形成了以管仲为首的强大的官僚集团。事实证明，齐桓公的霸业就是由这几位贤才支撑起来的，他们几位在任期间，齐国的内政外交都得到了空前的发展。

在当时对称霸至关重要的外交领域，也在管仲的识人基础上，根据国家实际需要，任用不同特点的人出使不同的国家，组成了强大的外交集团，使齐国的外交工作全面开花，维护了齐国的霸主地位。管仲被任命为相之初，向齐桓公提的第一个人事建议就是任命外交使节。从齐桓公称霸前的局势看，管仲认为齐国首先要与鲁国、卫国、楚国打好关系。每个国家都有自己风格，需要派有相应处世风格的人才去交涉才能取得事半功倍的效果。于是他说："公子举为人见闻广博而知礼，好学而语言谦逊，请派他出使鲁国，以结国交。公子开方为人机变而锐利，可出使卫国，以结国交。曹孙宿为人有点小精明，十分谦恭而善于辞令，正合乎荆楚的风格，请派他到那里去，以结国交。"几年之后，为了赢得各诸侯国的信任和亲附，以便称霸诸侯，向各国发号施令，齐桓公向管仲征求了诸多意见。在提出了一些具体的措施之后，管仲便再一次提到外交人才的任命之事。此时的管仲对齐国的人才有了更多的了解和认识，他向齐桓公建议："隰朋聪明敏捷，可以任命他管理东方各国的事务。宾胥无坚强而纯良，可以任命他管理西方各国的事务。卫国的政教，诡薄而好利。公子开方的为人，聪慧而敏捷，不能持久而喜欢创始，可以出使卫国。鲁国的政教，好六艺而守礼。季友的为人，恭谨而精纯，博闻而知礼，多行小信，可以出使鲁国。楚国的政教，机巧文饰而好利，不好立大义而好立小信。蒙孙这个人，博于政教而巧于辞令，不好立大义，而好结小信，可以出使楚国。"齐桓公听从管仲的建议，五年之后各诸侯国都亲附于齐国了。

管仲重病之时，齐桓公向他询问国相接班人的问题。齐桓公认为鲍叔牙可以接任，而管仲却认为不合适。齐桓公刚即位时，是打算让鲍叔牙做国相的。在鲍叔牙的极力推荐下，齐桓公才放弃杀管仲并任命他为相。孔子认为，真正贤明的人能够为领导者推荐比自己更有能力的人。对于齐国来说，鲍叔牙是贤人，对于管仲来说，鲍叔牙是知己和恩人。对于这样一位德才兼备的人，管仲却认为他不适合为相。管仲的理由是，鲍叔牙为人清正廉洁、清高正直。见到不如自己的人，就不愿与他交往；一听到别人的过失，一辈子都不会忘记。洁身自好、嫉恶如仇，眼里揉不得沙子是鲍叔牙的优点，但是相国要善于团结百官，这样的特点又成了缺点。齐桓公又询问隰朋是否可以担任相位，管仲说："隰朋这个人，志向高远，却从不苛责他人。他以黄帝为楷模，自愧尚有差距，同时对不如自己的人满怀体恤。处理国事时，他能分清主次，无关紧要的事就不过多插手；面对日常事务，他也懂得取舍，不必知悉的便不去探究。与人相处，他不会事事较真，遇到别人的一些小过错，往往睁一只眼闭一只眼。如果实在没有更合适的人选，那么隰朋是不错的选择。"

 知识链接 ....

任其所长，不任其所短

"用人所长"是中国历代用人思想中的重要原则，管仲是第一个提出这一原则的政治思想家。他强调："明主之官物也，任其所长，不任其所短。故事无不成，而功无不立。乱主不知物之各有所长所短也，而责必备。夫虑事定物，辩明礼义，人之所长而蝚蝯之所短也。缘高出险，蝚蝯之所长而人之所短也。以蝚蝯之所长责人，故其令废而责不塞。"也就是说，人才各有所长，要任其所长，不求全责备。从这一原则出发，管仲进一步主张"察能授官"或"量能而授官"，指出："明君之举其下也，尽知其短长，故其所不能益，若任之以事，贤人之臣其主也，尽知短长与身力之所不至，若量能而授官。"正是基于这种认识，管仲根据隰朋、宁戚、王子成父、宾胥无、东郭牙、公子举、公子开方、季友、蒙孙等人的特长，向齐桓公建议适合他们的岗位，组成了齐国的官僚队伍，最终成就霸业。

我们可以看到，管仲向齐桓公推荐岗位人选时，首先说明被推荐人的能力和特长，在此基础上，推荐与之相契合的岗位。或者也可以说，管仲首先明确了国家发展所需要的重要部门和岗位，进一步明确每个岗位需要何种人才，然后在齐国的人才储备中，挑选与之相匹配的人才。

齐桓公本是贪图享乐、爱好美色之人，因得管仲辅佐，任用了以管仲为首的各尽其能的官僚集团，把齐国的内政外交处理得井井有条，实现富国强兵，方得成就霸业。随着管仲、隰朋等人的离世，这一官僚集团瓦解，其后齐桓公没有选择合适的人选继任，而是任用谄谀奉承、结党营私之人，他的霸业也落幕了。

2. 任人不疑，人尽其用

孟子说："不信仁贤，则国空虚"（《孟子·尽心下》）。如果国君不信任贤人，国家的人才就会流失殆尽。因此，信任在为政中十分重要。管仲认为任用人才却不给予其充分的信任，会妨碍霸业。晏婴提出国有三不祥，其中之一便是任用了贤才却对他有所怀疑。《荀子·致士》中也曾言："人主之患，不在乎不言用贤，而在乎不诚必用贤。"意思是说，君主的祸患，不在于不谈用贤能之人，而在于不坚定地任用贤人。而不坚定任用贤人的原因在于没有对贤人给予充分的信任。由此可见，先秦时期的齐鲁先贤们对任人不疑有着丰富而深刻的认识和肯定。

君主对贤能之人要给予充分的尊重，而尊重人才的一个重要表现就是充分信任。充分信任要求君主能够做到大胆授权。而这一切的前提同样要做到对人才有充分的了解，也就是知人善任。只有建立在对人才了解的基础上，对其才能和德行没有疑虑，才能给予合理的任用。任人不疑，不是说任用之后完全放任不管，而是在正常的管理之外，不能无端怀疑，对任用之人过分干涉，影响其干事创业的效果，更不能因听信谗言，对任用之人随意调职、免职。任而不疑，君主也会得到相应的回报，形成良性循环，促进国家事业的发展。

大胆授权，相互成就。任人不疑的目的在于使君臣一心，齐心协力治理国家。在齐国发展史上，有一对令人称道的君相组合，那便是齐桓公与管仲。齐桓公对管仲任而不疑，使管仲的才能得以充分发挥，在历史上留下美名。作为国君，齐桓公也得到了相应的回报，一个爱好打猎、喝酒和美色的人成为春秋时期的第一位霸主。

齐桓公对管仲的信任，可以说是全方位的，他几乎把国家大事都交给管仲全权处理。《吕氏春秋》中记载："有司请事于齐桓公，桓公曰：'以告仲父。'有司又请，公曰：'告仲父。'若是三。习者曰：'一则仲父，二则仲父，易哉为君。'桓公曰：'吾未得仲父则难，已得仲父之后，曷为其不易也？'"这段话讲了有司有事向齐桓公请示，每次齐桓公都让他去找管仲，当别人说他的君主当得太容易时，他不但没有生气，反而说如果没有管仲，当君主会很难，但有了管仲，自然就容易了。由此可见，齐桓公充分认可管仲的治国能力，也对他足够信任，才放心把国家的大小事都交给他处理。

齐桓公对管仲的信任，自然会引起一些奸佞小人的嫉妒。齐桓公身边的宠臣竖刁和易牙就曾向桓公进谗言离间他们之间的信任，说："我们听说君主发号施令，臣子奉命行事。但现在您什么事都让管仲管理，齐国都被怀疑没有君主了。"功高盖主自古以来就是为人臣的大忌，历朝历代都有人因此遭到君主的猜忌和打压，甚至失去性命。一般的君主听到这种言论可能多少都会对被进谗言的对象产生疑心，但是齐桓公却对此毫不在意，还笑着说："寡人和仲父，如同身体有四肢一样。有了四肢身体才完整，有了管仲才能成就我的霸业，你们这些小人知道什么！"此后这两个人再也不敢在桓公面前说管仲的坏话。可见，齐桓公对管仲的信任是非常坚定的，而且他还做到了不让小人诋毁管仲，这也是非常难得的。

当然，齐桓公对管仲的信任并不是天然就存在的。虽然齐桓公接受了鲍叔牙的建议任用管仲为相，但毕竟二人之间有一箭之仇，而且对他的才能只是听说而未见其效，不可能一开始就对他任而不疑。在管仲任相的前几年，齐桓公经常不听从管仲的意见。比如桓公不听从管仲对内施行德政，亲抚百姓，厚遇人民，对外与各国交好的建议，在齐国内政还不稳定的时候，就急于加强军备，对外用兵，导致国内脱离民众，国外诸侯戒备，而且伐宋和伐鲁两次对外用兵都以失败告终。伐鲁失败后，齐桓公依然不听从管仲的意见，继续加强军备，准备再次伐鲁，这次鲁国没有应战，而是提出了会盟。会盟时鲁国提出不带兵器，管仲不相信鲁国不带兵器，劝诫齐桓公不要去，桓公依然没有听从管仲的意见。结果如管仲所言，鲁国的曹刿携带兵器劫持了齐桓公，强迫归还齐国侵占鲁国的土地。

经历了一系列不听管仲意见导致的失败之后，齐桓公认识到管仲的能力，对管仲从内心开始认可和信赖，在国家大事上，开始听从管仲的意见，给管仲充分的权力。果然，没过几年，齐国就实现了国内富国强兵，国外诸侯亲附的局面。

荀子曾言："今人主有大患，使贤者为之，则与不肖者规之；使知者虑之，则与愚者论之；使修士行之，则与污邪之人疑之，虽欲成功，得乎哉！"（《荀子·君道》）意思是说，当今君主有个很大的问题，那就是让贤能的人做事，却和不贤能的人去制定各种规则限制他；让有智慧的人考虑问题，却和愚蠢的人评论他；让品德高尚的人干事，却和污邪之人怀疑他。这样的君主想成功都难。齐桓公在任用管仲的问题上，完全规避了这个问题，这是他的霸业得以成功的关键。

充分放权，无为而治。任人不疑的一个重要表现是充分放权，不过分干涉人才做事。既然任命了贤能之才从事一方面的工作，就应该认可他的能力，而不是表面上给人以权力，却又不停地以各种方式干涉别人的行动，干扰人才干事创业的积极性，影响其施政方略。真正的任人不疑应该只从宏观上指导或了解，不插手具体的事务，让人才能够心无旁骛、全力以赴地投入到工作当中。春秋时期的管仲在阐述君臣之道时明确指出君主和官员要各司其职，君主负责知人善任，官员负责具体事务。他反对君主过分干涉官员，认为："为人君者，下及官中之事，则有司不任。"（《管子·君臣上》）也就是说，做人君的，如果向下干预官吏职责以内的事务，则主管官吏便无法负责。

宓子贱是孔子的学生，比孔子小三十岁，是七十二贤之一，孔子曾称赞其为君子，认为如果宓子贱治理的地方更大一些，他的功绩可以与尧舜相继。春秋末年，鲁哀公派宓子贱到单父去做邑宰。子贱担心鲁哀公听信谗言导致他的政令得不到有效实施，于是到单父上任的时候，请求鲁哀公派两名平日亲近的书吏与他同去，好帮他书写法律条文、教令例规等文书。

到了单父，宓子贱开始筹划治政方略，制定各种法规法令，并让那两位书吏把这些法令条文写下来，形成文字。当这两人开始书写时，宓子贱却时不时从旁边去搘他们的胳膊肘。如此三番，两位书吏根本写不成，还受到了宓子贱的训斥。两位书吏心里非常惶恐，便推说自己不称职，要求告辞回去，宓子贱便怒斥他们连字都写不好，随后准许他们回去。

他们回去后，禀告鲁哀公说自己无法替子贱做书记的工作。鲁哀公问什么缘故，二人把事情的原委一五一十地告诉了哀公。结果鲁哀公长长地叹息道："宓子贱这是在规劝我的过失啊！我总是打搅他的工作，使他不能好好实行他的施政方针，已经有好几次了。没有你们二位，我几乎要犯错误了！"于是哀公派自己的亲信到单父传令给宓子贱说："从现在开始，单父这个地方的事我不再插手了，它已是你的了。不管采用什么方法，只要有利于单父的治理，所有的决定权都归你，我不会再去打搅你了。五年以后，你要向我汇报你的政绩，我要看看你的能耐。"

宓子贱便放心大胆地采用改革措施治理单父，并且令行禁止。几年后，单父果然一派繁荣和平景象。孔子看了高兴地说："子贱是个贤能的人啊！哀公若没有宓子贱，单父哪能有今天的大治景象啊！"

宓子贱很幸运遇到的是一位能够理解他、信任他的君主，才得以实施他的治理方针。而他治理单父，同样也对他手下之人充分放权，并由此留下了"鸣琴而治"的佳话。

宓子贱治理单父的时候，每天弹琴取乐，甚至很少走出公堂，结果却把单父治理得很好。同为孔子弟子，也是七十二贤之一的巫马期也曾治理过单父。但是他治理单父时，每天天不亮就出门工作，天黑了才回家，日夜不得安宁，事事都亲自办理，才把单父治理好。二人虽达到了同样的治理效果，却一个特别忙，一个特别悠闲。巫马期很不解，他向宓子贱询问其中的缘故。宓子贱回答说："我的办法是凭借众人的力量，你的办法是依靠自己的力量。依靠自己的力量当然劳苦，依靠众人力量的人当然安逸。"宓子贱在治理单父期间，任用贤能，安排好人事工作之后，充分放权。人被授予一定的权力之后，自然会有一种责任感，尤其是在被充分信任的情况下，自然更加全力以赴。宓子贱就是通过这种方式使得单父大治。

《淮南子》中记载了宓子贱治理的单父好到何种程度。宓子贱治理单父的第三年，巫马期暗中查访子贱教化百姓的成效。巫马期见到有人在夜间捕鱼，捕得之后，又将鱼放了，便询问渔夫这样做的原因。渔夫回答说："我们的长官子贱不愿让人捕捞正在成长的小鱼。我刚捕到的是些小鱼，因此，就把它们放了。"巫马期感叹道："宓子贱实行德政的效果，简直是好到了极致！即便是在漆黑的夜里，无人监督，人们行事也能自觉自律，就好像严苛的法律在身边约束着一样。"子贱治理的百姓，哪怕在没有人监督的情况下，也不忍心欺骗他们的长官子贱，不忘子贱给他们的教诲。《史记》称赞子贱所达到的治理是"不忍欺"的境界，是最高的治理境界。

在鲁国"尊尊亲亲"的统治思想下，鲁哀公对宓子贱的任而不疑是十分难得的。实际上，鲁国很多国君任用异姓人，都因任而不信，造成国家发展的损失。比如鲁元公之用吴起。

吴起是战国时期著名的政治家、军事家和改革家。他本是卫国人，为了追求政治理想他首先到了鲁国，投奔到季孙氏门下成为一名食客。鲁元公年间，齐宣公发兵攻打鲁国。有人向鲁元公推荐吴起担任主将。但是因吴起的妻子是齐国人，鲁元公怀疑吴起不会忠诚于鲁国。得知此事后，吴起为获得功名杀死了自己的妻子。鲁元公的顾虑被打消，随即任命吴起为将，结果鲁军大胜。然而，后来又有人向鲁元公进谗言，诽谤吴起为人猜忌残忍，而且过大的战果，会树起鲁国好战的名声，容易招致"诸侯图鲁"，另外，任用吴起，将会得罪鲁国的兄弟之邦卫国。鲁元公听了这些话，心中对任用吴起产生了很多疑虑，于是只酬谢了吴起，而不授予其官职。后来吴起在魏国和楚国大展拳脚，而鲁国则失去了一位可能帮助其发展的人才。

同为儒家代表人物的孟子，也没有宓子贱一般幸运，他在齐国做大夫的时候，遭遇到了不被君主信任的情况，严重挫伤了积极性。

一次，齐湣王派孟子代表齐国去当时的一个小国滕国吊丧。此时的孟子在对外身份上代表了齐国，齐湣王既然委派给他这一任务，便应该充分信任他，使他充分行使权力。但是齐湣王却又派了一位亲信大夫王驩与孟子同行，辅助孟子。他们两人一路到滕国去，又一同回来，天天相处在一起。但是孟子没有跟他说一句与此次出行所办事务相关的话。孟子的弟子公孙丑就很奇怪，于是便问孟子："齐王给您以卿大夫的身份出使滕国，这个职位实在是不小了；齐国去滕国的路程也不近。但是您却一句与此次出行相关的话也不说，这是什么缘故？"孟子回答说："既然齐湣王和王驩已经全盘谋划好了，还要我多管闲事干什么呢！"从孟子的表现和他的回答中，我们可以看出，齐湣王任命孟子为卿大夫出使他国，主要是碍于孟子的地位，并不是真的想让他行使权力，于是就派了自己的亲信大夫同行，名为辅助，实则监督或监视。所以孟子干脆什么都不说，什么都不做。由此可见，君主对臣子任而不信，做臣子的便容易失去做事的积极性。

谨慎收权，稳定施政。任人不疑还要求君主做到两点：一是对自己任命的人要充分信任,切忌因谗言收回成命,影响人才策略的实施;二是要真正赏识人才,不要嫉贤妒能,对功绩卓著的人才产生戒备之心。

臣子在一方主政、参与外交活动或者将军在外带兵打仗等,其间会遇到各种各样不可预测的事,很多方针策略都需要时间来证明其成效。当遇到突发事件或者不在君主所了解的范围内的事情的时候,臣子可能会根据具体情况做出一些看似不合理实则有利于事态发展的决定。比如,施政方针需要一定的时间才能见到效果,就像宓子贱治理单父,并不是一蹴而就的。宓子贱整日弹琴,在一般人看来是无法治理好单父的,短期内收不到良好效果自然会被人进谗言。若没有宓子贱提前引导鲁哀公对自己信任放权,很难保证鲁哀公不会因为听信谗言收回他的权力。鲁哀公最终给他五年的时间证明自己,才有了单父大治的效果。因此,在短时期内未看到成效或者出现特殊情况时,君主也要适当信任自己所任命之人的能力和忠诚度,不要轻易相信流言,收回任命,影响臣子的策略实施,进而影响国家利益。

战国时期,发生过一场迫使秦国改变外交策略的战争,即桑丘之战。这场战争发生在秦齐之间,是秦齐之间的第一场战争,战争结果为秦败齐胜。这一战果是诸多原因交织的产物,但是齐威王的任人不疑,充分信任无疑为匡章赢得这场战争的胜利提供了坚定的后方保障。

战国时期,齐国一度成为新的中原霸主,与此同时,西方的秦国在商鞅变法之后，也越来越强大。秦、齐两个国家形成了东西对峙的局面。秦惠文王时期，为了问鼎中原，秦军向韩、魏两国借道来攻打齐国，试图削弱齐国的实力。齐威王任命匡章为主将，率军迎战秦军。因为秦国是孤军深入，又担心韩、魏两国图谋不轨，在两军对峙期间，一直不敢贸然进攻。匡章看出了秦军的顾虑，也没有急于进军，而是准备以智取胜。他多次派使者与秦军来往，在双方交往的过程中，匡章借机改变部分齐军的旗帜，混到秦军当中。最终通过里应外合，齐军大获全胜。

匡章为了保证策略顺利实施，没有向任何人透露他改齐军旗帜混入秦军的目的，这就导致齐国很多大臣对匡章产生误解，认为他在投降秦军。齐威王派去前线的探兵看到匡章的行动后，把匡章让齐军加入秦军的事报告给齐威王，但是齐威王不相信，便没有理睬他。之后，又有一个探兵向齐威王汇报，说匡章带领齐兵投降秦军，齐威王还是不信。这样的情况反复多次，齐国的有司沉不住气了，问齐威王："大家都说匡章打了败仗，大王为什么不派兵讨伐他呢？"齐威王说："章子很明显不会背叛我，怎么能讨伐他呢？"

匡章带领齐军大获全胜之后，大臣们问齐威王为什么如此相信匡章。齐威王说："匡章的母亲启得罪了他的父亲，他父亲就杀了她，并且把她埋在马棚下面。当初我任命匡章为将之时，曾勉励他，等打了胜仗，就给他母亲换个地方埋葬。匡章却跟我说，他的母亲得罪了父亲，父亲生前没有要改葬母亲的意思。如果擅自改葬母亲，就是欺骗父亲，所以他不敢改葬母亲。匡章作为儿子，连死去的父亲都不欺骗，难道作为臣子会欺骗活着的君王吗?"齐威王对匡章的了解和信任，也使他得到了战争胜利的回报。

君主不仅要对带兵作战的将军给予足够的信任，对待曾为国家立下赫赫功绩的大臣，更应该任而不疑，不应因其功绩卓著，就对其产生莫须有的质疑。齐国在这方面也留下了深刻的教训。

齐景公时，齐国遭到晋国和燕国的侵伐。齐国将帅匮乏，导致齐军大败，齐景公为此十分忧虑。在这种情况下晏婴向齐景公推荐了田穰苴。田氏家族在齐国是名门望族之一，而田穰苴只是田氏的庶支，身份地位比较卑贱。尽管他文能令人信服，武能威慑敌人，却没有得到重用。在齐国受到晋、燕两国夹击，无法取胜的关键时刻，田穰苴得到晏婴的推荐，成为齐国的将军。田穰苴临危受命，上任后治军有方，齐军很快恢复士气。晋、燕两国的军队见齐军士气旺盛，纷纷退兵。田穰苴率领齐军乘胜追击，夺回了被两国占领的国土。田穰苴第一次带兵打仗就取得了不战而屈人之兵的战绩，被齐景公封为大司马，掌管全国兵权，从此他也被称为司马穰苴。司马穰苴取得赫赫战功，田氏家族自然地位也跟着提升，日益显贵，而这却引起了齐国最高贵族国氏和高氏以及地位较高的鲍氏的不满。几个家族担心田氏家族的势力超过他们，就经常在齐景公面前恶意中伤、诬陷司马穰苴。齐景公也担心司马穰苴功高盖主，便听信谗言解除了司马穰苴的官职，导致他郁郁寡欢，发病而死。从此齐国失去一位军事天才。

战国后期，燕国大将乐毅率军占领齐都临淄，后连续攻下齐国七十余城，齐国几近灭亡，只剩下莒县和即墨两座孤城。在国家生死存亡之际，当时还名不见经传的田单挽救了齐国的命运。当时田单率领族人逃到即墨，被推选为将军。战争僵持了五年，双方不分胜负。田单一方面加强军备，稳定民心，另一方面采用离间计对付最大的对手乐毅。田单派人到燕国，诈称乐毅名为攻齐，实际上是想在齐国称王，所以这么久都没有攻下即墨，如果燕国另派主将，攻下即墨指日可待。燕惠王本就抱怨乐毅久攻即墨没有成效，这样的流言一出来，他果然中计，派骑劫取代了乐毅。燕惠王的任人却疑帮助田单除掉了最大的对手，之后田单又用了各种计谋，最终取得战争的胜利。战争胜利之后，军民都请求田单称王，但遭到了他的拒绝。田单率领大家迎接法章回临淄即位，即齐襄王，田单被任命为相。之后，田单也为齐国的发展贡献智慧，帮助齐国避免了诸多危机，为发展赢得机会。齐襄王不但不对帮助他复国的田单心存感激，反而从一开始就对他猜忌，在这种形势下，田单出走赵国。以田单的智慧，本可以在齐国充分施展，帮助齐国再次成为强国，随着他的出走，齐国丧失了最后崛起的机会。

只有用才得当，用贤有方，方能形成良好的用人环境，进而吸引更多的人才。若有贤才而不任用，或任用不当，前面的工作也将付之一炬。只有人才任用得当，才能充分发挥选贤任

能的政策优势，做到人尽其才，才尽其用，将人才力量转换为
国家发展所需的推动力。用贤有方，强则能成就霸业，即使不
能达到如此高的成就，也能有效治理国家，使国家能够处于稳
步发展之中。若用才不当，在重要岗位上任用不适当的人选，
轻则使国家治理出现混乱局面，重则会导致国家衰亡。在齐鲁
文化发展史上，我们的祖先留下了诸多相关的经验和教训。以
史为鉴，可以知兴替。齐鲁两国历史上流传下来的任用人才的
实例和思想，依然能为我们今天任用人才提供一定的借鉴。

（二）管理人才

对人才的科学管理是用才的重要一环。如何有效任用贤能
之才，如何留住贤能之才，关系着选贤任能的实践效果。管理
和任用是相互关联的。对官员的奖励和惩罚、继续任用还是罢
免、升职还是降职都取决于管理体系。为了管理人才，齐鲁两
国制定了考核监督机制。

对官员进行考核和监督是国家治理过程中一个不可或缺
的环节，因此要对选拔出的官吏严格考核，考核其是否人岗
相宜，是否尽职尽责，是否廉洁自律，等等。评价官员是否
真正是贤能之才，只靠表面的认识是不够的，最根本的还是
要看他的实绩。正如孔子所说，"今吾于人也，听其言而观其
行。"（《论语·公冶长》）墨子也说，"听其言，迹其行，察其
所能。"（《墨子·尚贤》）鲁哀公放手任用宓子贱，但也定下了

五年后考核他的施政效果，就是这个道理。因此在选拔任用人才，给予人才信任的基础上，要适时对其实绩进行考核，判断该人才是否适合这个岗位。另外，人的思想和行为并不是一成不变的，贤能的人可能会犯错误，普通人也可能通过学习变得贤能。为了保持重要岗位上始终有贤能之才在位，有必要设置动态的用人机制，即墨子所说的"官无常贵而民无终贱，有能则举之，无能则下之"（《墨子·尚贤》），荀子也说"度其功劳，论其庆赏，岁终奉其成功以效于君。当则可，不当则废"（《荀子·王霸》），《管子·明法解》中也提道："胜其任者处官，不胜其任者废免"。这些思想都表达了同样的意思，即通过对官吏的考核，使能者上庸者下，达到进贤而去不肖的效果，使国家的官吏系统保持良性循环。

考核监督的制度保障。春秋战国时期，官吏考核制度已有雏形。春秋时期的齐国即设有司过、五横、吏啬夫等专门考核官吏的官职。齐桓公时期，除了设立专职考核官员外，还另有一番有效的人事安排。他特地委任鲍叔牙专门负责甄别并表彰那些在官吏群体中表现出色的人才。同时，他还委派晏子、高子等贤能之士，广泛考察其余官吏的情况。通过这样多维度的监督考察方式，全面细致地了解百官的实际表现，并以此作为任免官员的重要依据。此外，君主还要亲自考核官员。每年冬季最后一个月末，国君要临朝听政，用五天的时间决定罚罪和刑杀；每年春季的第一个月，国君要亲自临朝听政，用五天的时间评定爵赏和官职。每任官职的考核期限为三年，如果第一年、第二年考核不合格，可以赦免；如果第三年考核仍然不合格，则要定罪处罚。从春秋后期开始，尤其到战国时期，最主要的考核工作的方法，叫作"上计"。"计"就是"计书"，指统计的簿册。上计的范围比较广泛，包括仓库存量数字，垦田面积和赋税数目，户口统计，以及治安情况。每年中央的重要官吏和地方的首长，都必须把一年各种预算数字写在木"券"上，送到国君那里去，国君把"券"一分为二，由国君执右券，臣下执左券，以此作为国君监督与责成臣下工作的凭证。到了年终，臣下必须到国君那里去进行年度工作汇报与核查。上计时由国君亲自考核，或由国相协助考核。如果考核的结果，政绩不佳，便可当场收回其官印并予以免职。高级官吏对于下级官吏的考核，也采取同样的流程与规则。在对地方官吏实行年终考绩的同时，齐国还有一套自上而下的视察和监察地方行政的制度。国君、国相、郡守都必须经常到所属的县巡视和考察，叫作"行县"。

对百官的考核一般从以下七个方面展开。一是考察官员治理民众的成效，二是审视农田整顿状况，三是关注赋税缴纳事宜，四是衡量社会秩序维护成果，五是评判断案治狱的水平，六是评估举贤任能的能力，七是督查军备征收工作。考核依据的标准则是众官吏的表现是否与其职责相符。

除了考核之外，齐国还有专门的监察之职。战国时期，设置御史，掌管监察大臣之责。《史记·滑稽列传》载，齐威王"置酒后宫，召髡赐之酒。问曰：'先生能饮几何而醉？'对曰：'臣饮一斗亦醉，一石亦醉。'威王曰：'先生饮一斗而醉，恶能饮一石哉！其说可得闻乎？'髡曰：'赐酒大王之前，执法在傍，御史在后，髡恐惧俯伏而饮，不过一斗径醉矣'。"很显然，此处所提及的御史肩负监察职责。淳于髡因此心生忌惮，不敢过度饮酒，生怕酒后失态，遭到御史的纠察与问责。

鲁国实行"尊尊亲亲"原则任用官吏，因此对待公臣公职的贬黜，态度极为审慎。即使如此，史料中也记载了不少官员爵位被罢黜的情况，比如展氏丢了司空的官职，臧孙氏的司徒一职被削去。春秋末期鲁国逐渐健全考核和奖惩制度，岁末之际，群臣需将自己职责范围内的事务向诸侯大夫总结上报，内容涵盖下属的治理状况、刑罚施行和社会治安状况，以及税收与田赋的收缴等方面，以供诸侯大夫考核评定，进而据此实施相应的奖惩举措。

考核的目的是起到激励作用，为此要做到明赏罚。人才的行为，源于其内心的需要和外部的激励，恰当的激励机制，能够营造出积极向上的良好氛围，充分激发人才的潜力。因此，要把人才的潜能充分挖掘出来，需要一个关键环节，那就是激励。齐鲁思想家们提出了诸多激励官吏的措施，最重要的前提便是明赏罚。

用人必须赏罚分明，赏当赏，罚当罚，这也是与考核相伴随的环节。赏罚用得正确，对贤者会是极大的激励。墨子屡次劝诫统治者要重视赏罚这一管理手段，因为只有这样，才能达到"民皆劝其赏，畏其罚，相率而为贤"，使民众都因向往奖赏而积极奋进，因畏惧刑罚而严于律己，进而竞相成为贤能之人（《墨子·尚贤中》）。墨子还曾直言赏罚不公之害，指出夏桀、商纣、周幽王、周厉王之所以失国丧身，就是因为忠奸倒置、赏罚不明，以此提醒统治者，必须用赏罚分明的手段去激励贤者、抑除小人。墨子进一步阐明欲治、欲强，必须明赏罚，否则就会贤者不为用、智者不为谋、勇者不为斗、辩者不为使。明赏罚要做到赏信罚必。姜太公曾说"凡用赏者贵信，用罚者贵必。"（《六韬·文韬·赏罚》）意思是说，使用奖赏的人贵在讲信用，该赏的一定要赏，使用处罚的人贵在必定做到，该罚的绝不姑息。姜太公还指出了信赏必罚的功效和影响，他说："有功必赏、有过必罚的做法，虽然只是用在了我们眼见耳闻的人和事上，但其影响却极深远，那些我们看不到听不到的地方，也都在无形中受到了教化。"

在治理政务的过程中，需严谨考核官员履行职责的情况，不仅要确认其职责是否完成，也要评估其完成的程度与质量。基于考核结果，对政绩突出者，予以嘉奖和提拔，对失职渎职者给予惩罚，甚至免职。如此，便能达到整饬百官、造福万民、稳固政治的理想效果。正如《管子·君臣上》所言："是故为人君者因其业，乘其事，而稽之以度。有善者，赏之以列爵之尊、天地之厚，而民不慕也。有过者，罚之以废亡之辱、僇死之刑，而民不疾也。杀生不违，而民莫遗其亲者，以唯上有明法，而下有常事也。"也就是说，君主应根据官吏所应担负的职责，按照既定的法度对他们进行考核。对于政绩突出的官员，赐予他尊贵的爵位和丰富的赏赐，民众会心生敬仰而非贪慕；对于有过失的官员，则施予革职、刑罚等惩罚，民众会心生敬畏而非怨恨。生死赏罚皆合乎法度，民众便不会背弃亲伦。这一理想效果的实现，需依赖于上层制定的明确的法规制度，下层官员各司其职，井然有序地开展工作。

春秋战国时期，齐国统治者倡导依法办事、赏罚严明的理念，强调根据政绩考核情况，实行公正的奖惩制度。他们表彰政绩突出的清廉官吏，同时，严厉惩处贪官污吏。他们还提出了几条赏罚应遵循的重要原则。《管子·权修》云："凡牧民者，以其所积者食之，不可不审也。其积多者其食多，其积寡者其食寡，无积者不食。""凡牧民者……则爵服不可不贵也。爵服加于不义……则令不行矣……则禄赏不可不重也。禄赏加于无功……则令不行矣。"这里强调赏罚是维护社会秩序和推行政令的重要手段。赏罚应按照既定的制度和法规执行，应以功绩、过失、品行和能力为基本原则。《七法》云："论功计劳，未尝失法律也。便辟、左右、大族、尊贵、大臣，不得增其功焉；疏远、卑贱、隐不知之人，不忘其劳。"这里强调要以法律规定作为赏罚公正和客观的基本保障，同时强调赏罚应遵循公平公正的原则，不能因其身份亲疏违背这一原则。《君臣上》云："有善者，赏之以列爵之尊，田地之厚……有过者，罚之以废亡之辱、死之刑。"这里强调赏罚应秉持赏必重赏、罚必严惩的原则。

看实绩是对官员进行考核的有效措施。《论语·子路》篇中，子贡问孔子："如果一乡的人都喜欢他，这个人怎么样?"孔子说："不能确定。"子贡又问："如果一乡的人都厌恶他，这个人怎么样?"孔子说："也不能确定。不如乡里的好人都喜欢他，坏人都讨厌他。"从这里我们可以看出，孔子认为评价一个人不应该以众人对他的态度来判断，而应该首先确定评价者是什么样的人。孔子认为"唯仁者能好人，能恶人"(《论语·里仁》)，也就是说只有仁者对人的评价才能作为标准。每个人都有优缺点，不可能使所有的人都喜欢，也不可能让所有的人都讨厌。"众恶之，必察焉；众好之，必察焉。"(《论语·卫灵公》)如果众人都厌恶一个人，必须认真考察；如果众人都喜欢一个人，也要认真考察。孟子也有同样的思想，他指出"国人皆曰贤，然后察之；国人皆曰不可，然后察之"(《孟子·梁惠王下》)，也就是说，全国人都说这个人是贤人，我们要细致地考察；全国人都说这个人不行，我们也要细加考察。其实，对于君主来说，评价官员也应该保持这样清醒的态度，不能只听信舆论的判断而应该对他的工作实绩进行调查。

齐景公任命晏子做东阿的邑宰，晏子治理三年，谗毁他的话传遍国都，景公非常不高兴，召回晏子罢免了他的官职。晏子立马认错道："我知道自己的过错在哪里了，请让我再去治理东阿，三年后赞美我的话一定传遍国都。"晏子历任齐灵公、庄公、景公三朝，景公不忍心罢免他的职务，又重新派遣他去治理东阿，三年后，果然赞誉他的话传遍了国都。景公非常高兴，召见晏子并赏赐他，晏子却辞谢不接受。景公问他是什么缘故。晏子说："过去我治理东阿，切断小路，加强对门间的管理，以防止奸人做坏事，邪恶的人便因此怨恨我；提倡节俭，力行孝敬长辈，和睦兄弟，惩罚偷盗懒惰的人，游手好闲的人便怨恨我；决断案件不避亲疏贵贱，而权贵豪强之人便怨恨我；身边的人有求于我，符合法规的就满足，不符合法规的就拒绝，身边的人便怨恨我；侍奉显贵之人严格按照礼仪规范，不超规格，显贵之人便怨恨我。所以三种邪僻的人在外说我的坏话，两种进谗的人在内说我的坏话，三年过去，坏话当然传到君王的耳朵里了。我现在只是改变过去的做法，不切断小路，放松对门间的管理，邪恶的人就高兴了；不提倡勤俭、不力行孝敬尊长与和睦兄弟，不惩罚偷盗懒惰的人，游手好闲的人就高兴了；决断案件阿谀权贵豪强，权贵豪强就高兴了；我对身边的人有求必应，身边的人就高兴了；侍奉显贵之人体躬越礼，显贵的人就高兴了。所以三种邪僻的人在外说我的好话，两种进谗言的人在内称赞我，三年后称赞我的话自然传到君王的耳朵里了。过去我做的事所谓应该受惩罚的恰恰是应该得到奖赏的，今天所谓应该奖赏的恰恰是应该受到惩罚的，所以不敢接受君王的奖赏。"

在这个故事中，齐景公之所以对晏子的政绩没有公正的评价，一是因为他没有实地调查，对晏子的治理效果没有真实的认知；二是他对晏子治理东阿的评价依据的全是"坏人"的说辞。正如孔子所说只有仁者才有资格评价他人的好坏，如果所有的"坏人"都讨厌他，那是不能判断这个人的好坏的，应该细加考察。这个故事的结局是景公知道晏子贤明，就将治理国家的重任交给晏子，三年后齐国便兴盛起来了。

但是，在这个故事中，齐景公算不上是一位合格的君主。他在听晏子的陈述之后，并没有派人调查事实的真假，而是基于对晏子的信任，而晏子本身确实贤明，才作出了正确的决断。齐威王时期，也发生过类似的事件，即著名的"烹阿封即墨"的故事。与齐景公不同，齐威王在这一事件中表现出了一位合格的君主应该有的作为。

齐威王即位之初，贪图享乐，不理朝政，导致齐国内乱外患。在宠妾虞姬和大臣邹忌的劝导下，终于幡然醒悟，开始治理朝政。他励精图治做的第一件事便是整顿吏治。他首先派出亲信到各地实地调查，切实掌握各地的实际情况之后，召集七十二名地方大夫进行考核。这七十二人之中，即墨大夫的名声是最差的，阿大夫的名声是最好的。齐威王便从这两人开始考核。若没有之前的实际考察，受到奖赏的必然是阿大夫，而即墨大夫必定会受到惩罚。然而对掌握了实情的齐威王来说，他们的结局则完全相反。他首先召来即墨大夫，说道："自从你担任即墨大夫之后，指责你的话每天都传到我的耳朵里。而我派人去即墨考察，发现即墨那里田野开垦得多，人民生活富足，官府之中没有积压的案卷，你把即墨治理得很好，使我的东方疆域得到大治。但是由于你不向我身边的人行贿，他们才不断向我诋毁你。"随即，齐威王按照有功则赏的原则封即墨大夫为万户侯。接着，齐威王召来阿大夫，并严厉斥责道：

"我派你治理阿城之后，每天都有人称赞你做得好。本以为你把阿城治理得很好，然而，我派人到阿城考察，发现那里的田地荒芜，百姓生活困苦。之前赵国攻打阿城的城邑鄄城，你身为阿大夫，不去营救；卫国攻打阿城的属地薛陵时，你竟丝毫不知情。你的这些罪行没有传到我耳边，相反却都是赞美你的，一定是因为你花重金买通我身边的人，让他们替你说好话。"随即，齐威王下令把阿大夫和收受贿赂的官员烹了。齐国上下皆受震撼，各级官员都认真做事，不久齐国大治。

《管子·明法》中指出："如果君主放弃法制，依据虚名用人，群臣就可能背离君主而在下面结党营私，如果君主轻信朋党举官，则士人就都专务结交而不做实事了。如果君主仅凭虚名行赏，根据诽谤和诋毁实施惩罚，必然会导致官吏管理不善。长此以往，那些贪图奖赏、畏惧惩罚的人，就会背离公正原则，施展权谋私术，结党营私，共谋奸邪。由此，他们便将国家和君主抛诸脑后，竭力结交党羽，任用同党。这样的后果便是交游越广的人，党羽越多，从而朝廷内外遍布朋党，即便有大奸大恶之徒，也能蒙蔽君主。如此一来，忠臣便会常因直言进谏而无辜受害，而奸邪之人却能凭借投机取巧无功得势。无罪之人横遭厄运，无功之辈平步青云，这种现象多了之后，臣子们自然会越来越重视私事而轻视公务。他们甘愿为自己的私事频繁奔波，却不愿为朝廷效力一次。他们一门心思谋取私利，却对国家大事置若罔闻。朝廷官员虽众，却没有人真心拥戴君主，百官虽然一应俱全，却没有人真正用心治理国事。这种情况就是所谓的"国中无人"。这里所说的"国中无人"，并非指朝廷人才不够，也并非指大臣能力不足，而是指大臣们只顾谋私却不尊奉国君，只知互相吹捧却不为国效力。小臣拿着俸禄，只顾拉拢勾结，不司其职，导致官吏形同虚设。因此，先王治国，遵循法度选拔人才，而非凭借个人好恶举荐，依照法度评定功劳，而不是依主观意志自行裁定。如此一来，贤能之士不会被埋没，奸佞之徒难以伪装，不能仅凭花言巧语获得任用，也不能仅凭诋毁就罢免他人。从上面两个例子来看，如果晏婴没有向齐景公讲明他的实绩，齐威王没有派人调查即墨大夫和阿大夫的施政情况，那么就不可避免会出现《明法》中所讲的"国中无人"的情况。这里讲国君要依靠法度才能避免这种情况，实际上，最有效的法度就是通过调查获得真实情况，依据官员的实绩作出赏罚的判断。

为了加强对官员、地方的管理与统治，鲁国国君和卿大夫也经常巡视各地，考察各地官员的政绩，从而加强对职官与地方的管理，巡查及考核结果均由"三司"负责记录在案，而记载的文书由专门的部门与职官进行分类管理，并由君主及各卿大夫决定赏罚或贬黜。史籍中记载了不少关于鲁国赏赐并提拔有政绩职官的例子。比如《国语·鲁语上》的"臧文仲请赏重馆人"的故事。晋文公称霸之后，决定削减曹国的封地，并将其分赠给其他各诸侯国。鲁僖公闻讯，即刻派遣臧文仲前往受领封地。途中，臧文仲一行留宿于重邑馆舍。驿馆的看守人见此情形，进言道："晋国初登霸主之位，亟须巩固诸侯对它的信服，故而削减了得罪它的曹国的土地，以此作为奖励赐予其他诸侯。各诸侯国都渴望得到这片土地，必定都会争相向晋国示好。晋国在分配土地时，未必会严格按照诸侯们原有的等级次序，肯定会让先到的诸侯占得先机，因此，您务必迅速前往。按等级次序，鲁国本就排在前列，加之此番率先抵达，其他诸侯国又如何能与鲁国相争呢？倘若您在此稍有耽搁，恐怕就会错失这难得的良机。"臧文仲深以为然，采纳了他的建议，最终帮助鲁国分得了最多的土地。归鲁复命时，臧文仲不忘为驿馆看守人请功，他向鲁僖公说道："此番能够分得如此多的土地，全是重邑馆舍看守人的功劳。我听闻：'善有章，虽贱赏也；恶有衅，虽贵罚也。'如今，因为驿馆看守人的一番话，便使国家疆土得以扩大，他的功劳之大，是不言而喻的了，恳请国君予以奖赏。"鲁僖公采纳了臧文仲的建议，将这个驿馆的看守人从仆吏中提拔出来，赐予他大夫爵位。

四、育才：充实选贤任能的后备力量

　　优秀的人才是一个国家兴旺发达、国富民强的关键，尊重贤士、招纳任用贤才是治国策略的重中之重。但是，从长远来看，注重培养、教育人才，使人才后继有人，才能保证国家的长治久安。春秋战国时期，生活在齐鲁大地上的先辈已经充分认识到在选贤任能的过程中，除了发现人才、识别人才和广泛选才之外，还要从长久考虑，采取更加积极的措施，主动培养和训练人才，以保证有更多的人才资源不断为国家发展贡献力量。

（一）齐鲁先秦诸子的育才思想

春秋战国时期，齐鲁两国的思想家们已经表现出对教育的高度重视，使齐鲁两国成为当时文化教育发达的大国，并开创了后世教育的先河。

1. 管仲的育才思想

培育人才关系到国家的长远发展，管仲最早从这一角度提出了育才的重要意义。管仲认为："一年之计，莫如树谷；十年之计，莫如树木；终身之计，莫如树人。一树一获者，谷也；一树十获者，木也；一树百获者，人也。"（《管子·权修》）流传至今的"十年树木，百年树人"的著名格言就是由此而来。在管仲看来，相比于种植谷物一年便能迎来丰收，树木栽培十年可成栋梁，人才的培养却需要漫长的岁月才可初见成效。但从长远视角审视，这份投入无疑极具价值，假以时日，收获的成果和反馈将是百倍千倍。齐鲁思想家对于人才培养所展现出的深切关注，深刻彰显了他们的深邃谋略与远见卓识。

对于人才应该由谁来培育的问题，管仲也提出了自己的看法。他说："我苟种之，如神用之，举事如神，唯王之门。"（《管子·权修》）意思是说，如果我们能够注重培养人才，并且科学合理地使用人才，那么就会把各项事业都办得顺顺利利，而这是只有真正的君王才能做到的。

在管仲思想的影响下，齐国的多位君王都很重视培养人才。春秋时期，齐桓公召集了有名的葵丘之会，与诸侯会盟的第二条是"尊贤育才，以彰有德"。从齐桓公时期开始，齐国就开创了由国家培养人才的机制，后来又创立稷下学宫，为培育人才营造良好的环境，提供了充足的人才储备，为齐国的长盛不衰奠定了坚实的人才基础。

2. 孔子的育才思想

孔子是我国著名的教育家。以孔子为代表的私学教育，不仅为齐鲁两国培养了大量的政治人才，为养士制度提供了人才的来源，也开创了后世中国人才教育的基础模式。

在政治上，孔子主张通过"举贤才"施行德政。所谓"贤才"，并不是与生俱来的，需要通过教育把平民中的士培养成为有德行有才能的贤才。孔子的弟子子夏提出"仕而优则学，学而优则仕"，意思是说做官取得了优秀政绩的人去学习，学习成绩优秀的人去做官。"学而优则仕"实际上也代表了孔子的育才目的。

"学而优则仕"的一个重要含义，便是只有学习成绩优秀才能有资格做官。孔子严格践行这一教育理念。《论语·先进》篇中讲到，子路让子羔去做费的行政长官，孔子认为子羔还没有通过刻苦学习掌握一定的技能，还不具备管理一个地方的能力，如果让子羔去管理费，不仅害了子羔，更会害了当地人。子羔本性善良，后来发愤学习，终于学有所成，后来到卫国做官，秉公执法，成为一位好官员。

 知识链接 ··

学而优则仕

春秋中叶，随着社会变革和社会生产力的发展，私学兴起，打破了"学在官府"的局面，为中国古代教育的发展奠定了基础。春秋时期的私学教育中，以孔子创办的私学规模最大，影响最深。孔子在对弟子的教导中，常常鼓励他们要积极出仕，孔子的弟子也大多以出仕作为求学的目的之一，很多人都是抱着"学而优则仕"的目的投到孔子门下。相应地，弟子们经常向孔子请教出仕的学问，孔子向弟子传授的也是关于出仕的学问。由于当时诸侯权力旁落，大夫阶层兴起，社会对人才的需求增多，给以出仕为求学目的孔门弟子提供了机会。孔子的很多弟子在学成后都选择出仕，以各自所学投入为政之中。

为了培养德才兼备的贤能之才，孔子将教育内容定为"四教""四科"。"四教"涵盖了"文、行、忠、信"四大方面。"文"是文化知识，属于"才"的培育领域，致力于智慧的积累与学识的增加，"行""忠""信"构成了道德教育的核心，属于"德"的塑造范畴。"四科"，包括"德行""言语""政事""文学"。其中，"德行"强调对个人品德修养与道德操守的培育；"言语"侧重于对沟通表达和辞令技巧的培养；"政事"着重于对实际事务的处理和领导管理才能的发展;"文学"则包含对广泛知识的学习。这"四科"相辅相成,共同构成了孔子教育思想中对人才培养的全面要求。

在教育方式上,孔子主张"因材施教"。《论语》中记载:

> 子路问:"闻斯行诸?"子曰:"有父兄在,如之何其闻斯行之?"冉有问:"闻斯行诸?"子曰:"闻斯行之。"公西华曰:"由也问闻斯行诸,子曰'有父兄在';求也问闻斯行诸,子曰'闻斯行之'。赤也惑,敢问。"子曰:"求也退,故进之;由也兼人,故退之。"

子路和冉有都问孔子"闻斯行诸",孔子却根据二人不同的性格给出了不同的回答。子路性格勇敢,做事果断,有时甚至有些轻率,不计后果,所以孔子想让他保守一些,给他的回答是做事前先询问父亲和兄长的意见。而冉有个性谦逊,平时遇事容易退缩,孔子认为应该鼓励他进取,因此给他的回答是听到可以做的事马上去做。这段话充分彰显了孔子因材施教的观念。

每个人都有自己的长处,教育要适应每个学生的特点,使其各尽其才,培养出一批有专长的人才。孔子虽然提出了"四科"的教育体系,但他并不强求学生全面掌握这些内容,而是根据他们的专长和兴趣爱好,将他们分别归入德行、言语、政事、文学这四个专门领域进行针对性培养。比如,颜渊心性淡泊宁静，勤勉好学；闵子骞为人处世谨慎稳重，擅长处理家庭关系，基于他们的个人特质，孔子将二人归入德行科，进一步提升他们的高尚德行。宰我擅长言辞，能言善辩；子贡思维敏捷，通达事理，鉴于二人在语言表达和沟通方面的天赋，孔子将他们归入言语科，进一步锤炼他们的语言才能。子路性格果敢，面对困难勇往直前，冉求才华横溢，具备出色的办事能力，孔子深知二人之才，将他们安排在政事科，磨砺他们的行政才干。子游和子夏，尽管年纪尚轻，但在研习诗、乐的过程中却展现出非凡的领悟力，孔子将他们归入文学科，期望他们继续在这一领域深耕细作。正是由于孔子的因材施教，使他们都被培养为各自领域的佼佼者，成为社会不可或缺的人才。

通过以上教育理念的实施，孔子弟子三千，贤者七十二人。他的弟子诸多人为官，且都政绩突出。比如冉耕任中都宰，以其智慧，将中都治理得井井有条；子路担任蒲邑宰，以其果敢勇毅，守护一方安宁；子游主政武城，以其深厚的学识，使武城充满文化气息；宓子贱任单父宰，以其独特的治理理念，使单父政通人和；高柴更是四次为官，历任费宰、郈宰、武城宰和卫国的士师，以其公正勤勉，在不同岗位上都作出了突出成绩。不仅如此，孔子的弟子中不乏有广泛影响力者，比如史书赞叹说："子贡一出，存鲁，乱齐，破吴，强晋而霸越"（《史记·仲尼弟子列传》）。这些都是孔子育才成果的重要代表。

3. 孟子的育才思想

孟子是继孔子之后又一位杰出的教育家，"得天下英才而教育之"（《孟子·尽心上》）被他视为人生的三大快乐之一。孟子把教育与政治相提并论，提出"仁言不如仁声之入人深也，善政不如善教之得民也。善政，民畏之；善教，民爱之。善政得民财，善教得民心。"（《孟子·尽心上》）也就是说，孟子认为要想赢得民心，关键在于教育，这充分展现了他对教育的重视。应该培养什么样的人才呢？孟子分别使用了"大人""大丈夫""天民"等名称来指代他所追求的人才培养的理想人格。比如"大人者，不失其赤子之心者也。"（《孟子·离娄下》）"有大人者，正己而物正者也。"（《孟子·尽心上》）"富贵不能淫，贫贱不能移，威武不能屈，此之谓大丈夫。"（《孟子·滕文公下》）战国时代，人们呼唤具备这种理想人格的人才，拯救生民于苦难之中，故而成为孟子的教育目标。

关于教育方法，孟子提出了诸多理念。比如"羿之教人射，必志于彀。大匠诲人必以规矩，学者亦必以规矩。"（《孟子·告子上》）羿是我国古代射箭的神话人物，他教人射箭，必然是以射中靶心为目标。孟子以此强调学习任何一门学问，都要有明确的目标，要知道自己学习的是什么，追求的是什么。古代工匠用来画直线、画圆的工具，象征了标准和规范。大匠教人木工，必须以规矩为准则，让人们按照规矩来操作。孟子以此来强调，学者在学习的过程中，也必须遵循一定的规范，不能偏离规矩。孟子阐述了教学和学习的两大原则，即目标性和规范性，这两大原则对于教学和学习的成功具有至关重要的作用。"梓匠轮舆能与人规矩，不能使人巧。"（《孟子·尽心下》）孟子认为老师教育弟子，就要像匠人传授徒弟一样，必定先教会他们"规矩"。孟子又说："离娄之明，公输子之巧，不以规矩，不能成方圆。"（《孟子·离娄上》）离娄，传说是黄帝时代眼力特别好的人；公输子，指公输班，即鲁班，为春秋末期鲁国的著名工匠。孟子说，就算离娄的眼力这么明察，公输子的技艺这么巧妙，他们的心思目力均已如此精明，然而制造器具还是不得不依靠圆规与方矩，不使用规与矩，就不能成就圆和方。在孟子的心目中，规矩的作用如此重大。孟子教育弟子的规矩主要是诗书礼乐的教育。在教育中，孟子特别重视《诗》《书》，用《诗》《书》给予学生规矩。

乐正子，名克，是孟子的弟子。一次，乐正子随从齐王的幸臣王驩来到齐国，而孟子对王驩深为鄙视，是不愿与他交往的。当乐正子前来见孟子的时候，孟子就发问说："你也来见我了吗？"乐正子有些惊讶地说："先生为什么这么说？"孟子追问他："你来齐国几天了？"乐正子回答道："前天到的。"孟子反问："既然是前天到的，那么我这样发问，不是很得当吗？"乐正子这才醒悟过来，发觉自己错了，那就是一到齐国没有及时来见自己的老师。于是乐正子马上解释迟来见他的原因，说："没有找好住所。"孟子马上严肃地说："你曾听说过门人弟子从远方来，必须住所安排妥当，然后才来求见师长的吗?"孟子严厉地告诫他,他错在已经丢失规矩。乐正子终于认错。

"君子之所以教者五:有如时雨化之者,有成德者,有达财者,有答问者,有私淑艾者。此五者,君子之所以教也。"(《孟子·尽心上》)孟子提出了五种教育人的方法:有像及时雨灌溉万物那样教育人的,有以帮助人养成优良品德的方式来教育人的,有以诱导发展人的特有才能来教育人的,有以解惑、回答疑难问题来教育人的,有以间接方式影响人自学成才并以此来教育人的。在这里孟子进一步发展了孔子的因材施教。他还指出"教亦多术矣,予不屑之教诲也者,是亦教诲之而已矣。"(《孟子·告子下》)体现了教学方式的多样性。孟子也对受教育者提出了要求,认为真正的学习应当以谦虚为基础,他指出"挟贵而问,挟贤而问,挟长而问,挟有勋劳而问,挟故而问,皆所不答也。"(《孟子·尽心上》)

相较于孔子而言,孟子更为注重环境对人才的塑造作用。《孟子·告子下》言:"天将降大任于斯人也,必先苦其心志,劳其筋骨,饿其体肤,空乏其身,行拂乱其所为,所以动心忍性,增益其所不能。"经过苦难的磨炼,人对生活的理解就会更加深刻,心志、身体、品性等各方面也就能得到极大的提高,关键时刻也才能担当大任,成为真正的人才。

4. 荀子的育才思想

荀子认为人才的培养是双重作用的结果,一是外在环境的熏陶，二是后天的教育。因此他特别重视环境和教育者的作用。对于育才环境，荀子指出"蓬生麻中，不扶而直；白沙在涅，与之俱黑。"（《荀子·劝学》）对于教育者的示范作用，荀子提出"夫师，以身为正仪而贵自安者也"（《荀子·修身》）。荀子认为教育者要以身作则，树立良好的行为榜样，通过言传身教让受教育者潜移默化地受到熏陶。对此，荀子提出了四点要求，即"尊严而惮""耆艾而信""诵说而不陵不犯""知微而论"（《荀子·致士》）。意思是说，教育者应具备四项基本素养：其一，应当拥有令人敬畏的尊严与威信，以赢得学生的尊重；其二，需要具备丰富的人生阅历和崇高的精神信仰，以为学生指引人生方向；其三，要拥有讲授儒家经典的能力，以循序渐进地引导学生；其四，应善于钻研，精通经典的精髓，能够阐发其中的微言大义，以启发学生思考。

（二）营造良好环境：育才的生动实践

晏婴曾说："橘生淮南则为橘，生于淮北则为枳。叶徒相似，其实味不同。所以然者何？水土异也。"（《晏子春秋·内篇杂下》）同样是橘子，生长在不同的地方味道却不同。人也是一样，不同环境对于人才的成长影响也是巨大的。西汉刘向的《列女传·邹孟轲母》中讲述了"孟母三迁"的故事。故事讲到孟子小时候居住的地方离墓地很近，孟子耳濡目染学了些祭拜的事。对此，孟子的母亲心中忧虑，认为孩子久居此地，必不能成才。于是，孟母立刻搬了家。新家附近是一个大集市，孟子又学起了奸猾商人夸口买卖之类的事。孟母看到后，认为孩子住在这里也不合适。于是，再次搬家。这次，孟母将家搬到了一个学宫的旁边。这时孟子所学的，是祭祀礼仪、作揖逊让、进退法度这类礼仪方面的学问。孟母感到欣慰，认为这才是适合孩子居住的地方，于是在这里长久居住下来。孟子最终被培养成为一代大儒。"孟母三迁"的故事在中国产生了两千多年的影响。

在人才培育过程中，环境的熏陶是不容忽视的。对于望子成龙的普通百姓来说是如此，对于培养国家后继之人的统治者来说也是如此。比如，西周统治者十分重视环境对太子的影响，因此他们往往选择朝廷中有德有能的重臣担任太子的少傅、少师和太保、太傅、太师等职务，使太子自孩提时代直至成年之时都不闻恶言恶行，从而达到"少若成性，习惯之为常"的教育效果。齐国统治者为了培育齐国太子和贵族子弟，也是专门设置太傅、少傅等官职，使他们在良好的教育环境中成长。在人才培育方面，齐国也作出了许多有益的尝试。

1. 寓教育于生活

在注重培养继承者之外，齐国对贤能之才的培育也充分考虑到环境的影响，并进行了诸多尝试。早在齐桓公时期，管仲就认识到了环境对于人才培育的重要性，并且制定了相关措施。《管子·戒》说："三年教人，四年选贤"，意思是说，用

| 齐桓公与管仲雕像

三年的时间教育人民，第四年就能选拔出贤能人才。管仲在齐国进行的全方位改革中提出了"四民分业"定居，这一改革方案一方面是为了方便管理，另一方面也是配合当时齐国奉行的"教训成俗"的教育制度，其目的在于为儿童创造一个良好的成长氛围，使儿童在耳濡目染中以润物细无声的方式接受思想和技术能力教育，从而为国家发展培养后备人才。

所谓"四民分业"就是把国人分为"士、农、工、商"四大行业群体，国人按照各自的行业聚居在固定的地区，士人居住在清净之地，农民居住在田野，工匠居住在官府，商人居住在集市。这样无形中就营造出特定的社会教育环境，使儿童从小就耳濡目染本行业之内的事务，在环境的熏陶下自然地掌握本行业所需要的技能，成为专业的人才，从而为齐国选拔人才的"三选制"提供人才基础。

在具体操作方面，管仲把全国分为二十一个乡，其中六个工商之乡，十五个士农之乡，各乡都有乡长。乡长除担任行政和军事事务外，还有发现本乡中"居处为义、好学、聪明、质仁、慈孝于父母、长悌闻于乡里"和"拳勇、股肱之力、筋骨秀出于众"的人，并向上推荐的责任，否则，就是犯了"蔽贤"之罪。国君将各乡推荐上来的贤人进行考察，给予一定的工作，进行一段时间的实际考验，再经考核有功而无过，就任命为"上卿之佐"，即上卿的副官。可见"三选制"与分业定居是一脉相承的。可以说分业定居是在一定的环境中进行普遍的素质教育，而"三选制"则是将其中的优秀者推荐选拔出来并适当任用。普遍教育为选拔任命的基础，而选拔任命又可以激励各乡培养、推荐人才的积极性，如《管子·小匡》所说："于是乎乡长退而修德、进贤"，使这一制度进入良性循环的轨道。

2. 在开放包容中育才

稷下学宫的创立是出于田齐政权广招贤人的目的，是齐国养士制度在战国时期的发展。到了战国时期，各国兼并日益剧烈。各国的君主和贵族，为了自身利益，收养一批各具某种技能的人来为自己服务，遂形成养士制度，养士也成为战国时期的一种风尚。当时各国统治者都认识到"得士者昌"的道理，因而竞相延揽人才。不仅各国国君，世家大臣为了增强自己的力量和声望，也广泛豢养各种人才，以备不时之需。齐之孟尝君（田文）、魏之信陵君（魏无忌）、赵之平原君（赵胜）、楚之春申君（黄歇）均有食客数千。秦国的吕不韦，以秦之强，羞不如，也招致食客三千人。与其他六国不同的是，齐国不仅有世家大臣养士，更有以国家名义为基础的养士举措。齐桓公时期曾养游士八十人，"奉之以车马衣裘，多其货币"（《国语·齐语》），当时养士是为了使八十游士周游四方，以号召天下之贤士。到了战国时期，这一养士制度得到进一步发展。田齐桓公当政时期，齐国建立了稷下学宫，在养士的同时，也为育才提供了良好的环境。稷下学宫由此成为齐国教育事业一颗璀璨的明珠。

齐国几代国君，尤其是威王与宣王，高瞻远瞩，礼贤下士，以优厚的待遇招揽各国有名望的知识分子前来办学。稷下学宫由齐国国君主办，其核心目的在于广泛吸纳天下英才，为齐国的发展注入不竭动力。为此，稷下学宫秉持着开放包容、兼容并蓄的原则，对诸子百家皆持接纳态度。稷下学宫由此吸引了各家各派的名流，使这里成为当时最大的人才荟萃基地。不仅如此，齐国统治者也充分尊重稷下学宫的先生和学生的人格，给他们充分的言论自由和学术自由。稷下学宫的先生和学生，没有任何一个人因言论而获罪。同时，齐国当政者还保证学者的来去自由，来者欢迎，去者欢送，再来同样地以礼相待。这种环境和政策使战国时代的学者名流，不分国别不分学派，频繁出入稷下学宫。其中有儒家代表人物孟子、荀子、徐劫与其徒鲁仲连，道家黄老学派的宋钘、尹文、环渊、接予、季真、彭蒙、慎到、田骈，阴阳家邹衍、邹忌，还有大体上可归入齐法家的淳于髡。在稷下学宫，除了墨、农和纵横三家外，其余各家的代表人物都来从事讲学和辩诘等学术活动。

稷下学宫对教学的组织形式、教学内容和教材等，采取松散型管理等办法，没有统一的规定，完全由稷下先生自己做主，自己安排。在稷下学宫求学的学生，听课不局限于自己的授业老师，而是充分享有自主选择权，可以聆听其他稷下先生的课程。这种独特的教学管理模式，一方面赋予稷下先生极大的教学自主权，使他们得以按照自己的理念开展教学；另一方面也有力地打破了传统私学间门户之见，有效拆除了学派之间的无形壁垒。如此一来，学生的视野得以大幅拓宽，对多元文化的吸收极大地解放并活跃了他们的思想。

稷下学宫在教学上还实行"期会"制。这种"期会"，可能是定期举行的学术报告会或学术辩论会之类，"期会"进行的活动不外乎演讲和辩论两种。从有关记载上看，稷下学宫的"期会"，是一种常规性的教学和学术活动，全校师生与四方游士皆可自由参加。通过演讲，各家各派都获得向社会公开自己学说和观点的机会。通过辩论，各派之间百家争鸣，彼此之间相互设问、质疑和挑战，这一互动不仅使学术氛围空前活跃，更使学术平等的理念充分彰显。这一过程显著提升了稷下学宫的教学品质和学术研究层次。

这种教学形式使稷下学宫成为诸子百家自由争鸣的论坛，学派与学派之间，各学派内部以及师生之间，可以展开平等的论证。这种平等、自由、生动活泼的思想学术论争，既促进了每个学派的发展，也促进了各学派之间的互相渗透、吸收、融合。既促使新的学派如黄老思想的形成，也使大师级的伟大学者如荀子等脱颖而出。在这种开放包容的教育环境之下，弟子可以广泛求学，数以千百计的优秀人才得以培养出来。

尊师重教，才能育才兴邦。齐国的官方教育不仅注重育才环境的营造，也注重为学生选择合适的教师，并对所选教师给予足够的尊重。其实，尊师即尊贤。齐桓公时期开始，齐国就非常重视对从教人员的选拔。《管子·君臣下》认为，"道术德行，出于贤人"，所以要选择贤人为师。在把全国划分为 21 乡的情况下，要求"乡树之师，以遂其学"（《管子·君臣下》），"民啬夫任教"（《管子·君臣上》），就是每乡都要有啬夫做教师，以便人们学习。还说"乡建贤士，以教于国，则民有礼矣。"（《管子·小匡》）各乡都要让贤能之士为教师，使他们在国内任教，老百姓就会变得有礼；有礼，人人按部就班，各守其道，在规定的范围内行事，国家就会在太平的环境下发展。

稷下学宫的先生都是齐国广招而来的贤士，自然受到齐国国君的尊重。来到稷下学宫的学者，或者由齐王亲自召见，或者等待合适的时机主动晋见。齐王在甄选人才时，秉持开放包容的心态，不拘泥于学者的思想倾向、政治立场和学术流派，而是着重考量他们的学术造诣、社会声望、门下弟子的数量等，依据这些综合因素，齐王会授予他们不同等级的官职和称号，高者如"上卿""客卿"，次者如"上大夫""大夫"，也有被尊为"博士"者。

稷下学宫的教师管理也充分展现了齐国对教师的尊重。一是教师的社会地位高。在稷下，凡列为大夫者，皆"为开第康庄之衢，高门大屋，尊宠之"（《史记·孟子荀卿列传》）。齐宣王为留住孟子不离开齐，曾许诺："我欲中国而授孟子室，养弟子以万钟，使诸大夫国人皆有所矜式。"（《孟子·公孙丑下》）淳于髡比孟子待遇更优，齐王"立淳于髡为上卿。赐之千金，革车百乘，与平诸侯之事"（《说苑·尊贤》），俨然是一方诸侯的气派。稷下先生不仅有很高的政治地位和生活待遇，他们的人格也受到尊重。《战国策·齐策四》载：齐宣王与士人颜斶相见时，让颜斶上前来，而颜斶执意要齐王走向他，由此引发了一场关于"士贵还是王贵"的争论，齐王最终承认"士贵耳，王者不贵"（《战国策》），并表示"愿请为弟子"。二是兼容并包，来去自由。稷下学宫作为诸子百家私学的汇聚之地，在教师管理上自然发扬私学的特点，采取兼容并包、来去自由的方针。所谓"兼容并包"，即打破学派间的门户之见，吸收各派思想，跨越地域的限制，广纳天下贤才；所谓"来去自由"，即稷下对天下游士、不论集团或个人，来者不拒，去者不止，且欢迎去而复返。由于实行"兼容并包"，稷下学宫的教师中，有各派人士：儒家有孟子、荀子等，墨家有宋钘、尹文（后转为道家黄老学派）等，道家有环渊、接予、季真、彭蒙、田骈等，阴阳家有邹衍、邹忌等，还有淳于髡虽"学无所主"，但基本属于法家。这些稷下先生分别来自邹、赵、宋、楚、齐等诸侯国，大都是当时有名望的学者，到处都受到尊重，他们一般不以物质待遇为念，所关心的主要是齐王能否采纳其道，接受其谏，因而皆以言行合则留、不合则去为原则。稷下先生的来去自由，自然而然形成了各国学术的交流，这也是稷下学宫长期兴盛的重要原因。

稷下学宫的学生管理制度也表现出对教师的尊重。稷下学宫的学生起初大都是跟随其师进入稷下的。稷下先生所随弟子多者数千数百人，少者也有几十人或数人。随着稷下之学名望日高，不仅有名望的学者率领前来的弟子愈来愈多，而且吸引众多学生自行到此游学。由于学生人数的增加，稷下学宫逐渐形成了一套学生管理的制度。《管子》书中有《弟子职》一篇，据郭沫若考证"当是稷下学宫之学则"。这是中国教育史上第一个比较完备的学生守则，它成为后世官学、私学、书院制定学则、学规的范本。《弟子职》全文不足 800 字，但内容相当丰富，它从多个维度，全方位、系统性地制定了学生在思想品德修养、尊师重道、学业精进、日常生活规范以及课余社交活动等方面必须遵循的基本要求与常规准则，为学生发展提供了明确的行为指引。其首要规则就是强调学生必须尊师。开首规定："先生施教，弟子是则。温恭自虚，所受是极。"并从听讲受业到饮食起居等日常生活的各个环节都体现尊师的精神，如："先生将食，弟子乃彻"，"先生有食，弟子乃食"，"先生将息，弟子皆起。敬奉枕席，问所衣何止"。

五、齐鲁文化选贤任能思想的时代价值

"为政以人才为先"，选贤任能是治国安邦的一个重要方面，坚持选贤任能是我国国家制度和国家治理体系的显著优势。齐鲁文化中蕴含着典型的选贤任能思想，尊才的理念、选才的识见、用才的实践和育才的意识，无不体现出深刻而丰富的理论积淀和实践经验。齐鲁文化作为中华优秀传统文化的重要组成部分，为当代中国的发展提供了强大的思想助力，选贤任能作为齐鲁文化中的一个重要思想，也为新时代治国安邦提供了有益的思想借鉴，成为中国特色选贤任能制度的重要历史来源。回顾百年历史，中国共产党的壮丽篇章中无不印证着选贤任能的重要作用。百余年来，一代代中国共产党人对选贤任能的传承与发展，根据不同时期的发展需要，选拔和培养了一大批推动事业发展的主力军，不断为党和人民的伟大事业提供人才支撑和强劲动力，推动中国革命、建设和改革不断取得新的成就。中国共产党百余年辉煌奋斗的历程，同时也是一部"选贤任能"的历史篇章。齐鲁文化之选贤任能思想为中国共产党干部政策提供了丰富的历史智慧。

习近平总书记在党的十九大报告中庄严宣告："中国共产党从成立之日起，既是中国先进文化的积极引领者和践行者，又是中华优秀传统文化的忠实传承者和弘扬者。"① 作为中华优秀传统文化的重要代表，齐鲁文化选贤任能的诸多精华历经两千多年的发展，依然闪耀着思想与实践智慧，也深深影响了中国共产党。中国共产党成立以来，逐步形成了"任人唯贤"的干部路线、"德才兼备"的干部标准、"坚持五湖四海""不拘一格降人才"的选才方式、"以事择人"的用人原则，并且在发展中不断完善人才考察机制和人才培养模式，这一系列的人才政策根植于中华优秀传统文化，尤其是齐鲁文化中的选贤任能思想。

齐鲁文化中的"尊贤思想"与中国共产党"任人唯贤"的干部路线。尊贤是齐鲁文化的一个突出特色。先秦时期，齐鲁两国的政治家和思想家都高度重视人才在国家治理中的作用，因而发展出了"尊贤"思想。在政治家中，姜太公、齐桓公、管仲、晏婴、齐威王、齐宣王等都推崇"尊贤"，重视人才，因而促进了齐国的发展。齐国的第一任君主姜太公"举贤而尚功"，在齐国确立了"尊贤尚功"的治国方略，为齐国在西周初年获得较高的地位发挥了重要作用，也确立了齐国重视人才的传统，为齐国的发展奠定了人才政策基础。春秋时期第一位霸主齐桓公践行了"尊贤尚功"的治国方略，任用与他有一箭

---

① 《习近平谈治国理政》第三卷，外文出版社 2020 年版，第 35 页。

之仇却有治国才能的管仲为相，在诸侯会盟时提出"尊贤育才，以彰有德"。管仲也继承并发扬了姜太公的"尊贤尚功"思想，提出"任贤则诸侯服"的观点，选拔任用了大批贤能之士，成为齐桓公称霸之路上的重要支撑。辅佐了齐国三代国君的晏婴也重视强调贤能之才对国家发展的重大作用，提出"举贤以临国，官能以救民"(《晏子春秋·内篇问上》)，认为国家"有贤而不知""知而不用""用而不任"，对国家的发展是有损害的。晏婴的尊贤思想影响到齐景公，齐景公重用各种人才，使齐国强盛一时。到了战国时期，齐国"尊贤尚功"的治国方略进一步发扬光大。齐威王一开始治理朝政即从人才开始抓起，他视"人才为宝"，重视人才的选拔和任用，使齐国达到了富国强兵的目的。齐宣王接受"士贵王不贵"的观点，尊重人才，使稷下学宫的发展走向兴盛，为齐国乃至战国时期的各国培养了大批治国人才。鲁国虽然实行"尊尊亲亲"的人才政策，但是当时也有政治家表现出了尊贤的认识，尤其到春秋中后期，尊贤的思想在鲁国政治中占据一席之地，"臧文仲请赏重馆人"、孔子和他的弟子在鲁国一度得到重用就是典型的例子。齐鲁两国的思想家们更是对"尊贤"思想有诸多的阐发。孔子是第一位提出"举贤才"的思想家。基于尊贤的立场，他培养了大批人才。孟子继承发扬孔子的理念，提出"尊贤使能，俊杰在位"(《孟子·公孙丑上》)的观点。作为儒家思想的重要代表，荀子认为"世有贤才，国之宝也"，并且进一步发挥尊贤思想，提出"尊贤者王，贵贤者霸，敬贤者存，慢贤者亡"(《荀子·君子》）的观点。墨家也有丰富的尊贤思想，"尚贤"是墨家的代表性主张，墨子提出"尚贤者，政之本也"（《墨子·尚贤》）。这一系列"尊贤"实践和思想在齐鲁文化中萌芽，在两千多年的历史中不断传承，在中国共产党的领导下得到创造性转化和创新性发展，成为中国共产党"任人唯贤"干部路线的重要历史资源。

中国共产党继承了尊贤的传统。党成立之初，就极为重视人才的作用，并且在各个历史时期都加以强调，形成发展并贯彻了"任人唯贤"的干部路线。1938年10月，在党的六届六中全会上，毛泽东提出了"政治路线确定之后，干部就是决定的因素"[1] 的重要论断。同时，毛泽东指出"在这个使用干部的问题上，我们民族历史中从来就有两个对立的路线：一个是'任人唯贤'的路线，一个是'任人唯亲'的路线，前者是正派的路线，后者是不正派的路线。共产党的干部政策，应该以能否坚决地执行党的路线，服从党的纪律，和群众有密切的联系，有独立的工作能力，积极肯干，不谋私利为标准，这就是'任人唯贤'的路线。"[2] 由此，"任人唯贤"的干部路线在党内正式提出。邓小平多次强调要尊重人才。1977年5月24日，邓小平同志在与中央两位同志谈话中指出："一定要在党内造成一种空气：尊重知识、尊重人才。"[3] 1984年10月22日，邓

---

① 《毛泽东选集》第二卷，人民出版社1991年版，第526页。
② 《毛泽东选集》第二卷，人民出版社1991年版，第527页。
③ 《邓小平文选》第二卷，人民出版社1994年版，第41页。

小平同志说到中共中央关于经济体制改革的决定时再次重申了这一点，指出："这个文件一共十条，最重要的是第九条"，"第九条，概括地说就是'尊重知识，尊重人才'八个字"，强调"事情成败的关键就是能不能发现人才，能不能用人才。"① 在尊重人才的基础上，邓小平坚持和发展了"任人唯贤"的路线。1982 年，党的十二大通过的党章，首次单设"党的干部"一章，明确提出"党按照德才兼备的原则选拔干部，坚持任人唯贤，反对任人唯亲。"党的十八大以来，习近平总书记继续坚持"任人唯贤"的路线，尊重人才，重视人才。他多次引经据典来表达自己对人才的重视。如在 2013 年 6 月 28 日的全国组织工作会议上，习近平总书记引用了《墨子·尚贤》中的"尚贤者，政之本也"。基于对人才的重视，习近平总书记多次强调"任人唯贤"的干部路线。2018 年 7 月，习近平总书记在全国组织工作会议上论述新时代党的组织路线，把"坚持德才兼备、以德为先、任人唯贤"② 纳入新时代党的组织路线的重要内容。在党的二十大报告中，习近平总书记指出："坚持和发展马克思主义，必须同中华优秀传统文化相结合。"③ 在这一部分，习近平总书记列举了中华优秀传统文化的十个内涵：天下为公、民为邦本、为政以德、革故鼎新、任人唯贤、天人合一、自强不息、厚德载物、讲信修睦、亲仁善邻。"任人唯贤"

---

① 《邓小平文选》第三卷，人民出版社 1993 年版，第 91—92 页。

② 《习近平著作选读》第二卷，人民出版社 2023 年版，第 191 页。

③ 《习近平著作选读》第一卷，人民出版社 2023 年版，第 15 页。

就是其中之一。

齐鲁文化中的"贤能"思想与中国共产党"德才兼备"的干部标准。齐鲁文化中的"贤能"涵盖了德与才两种重要品质。儒家思想者对"仁德"和"德政"进行了系统精辟的论述：孔子的政治理想是"为政以德"，提出"为政以德，譬如北辰，居其所而众星拱之"（《论语·为政》），"其身正，不令而行；其身不正，虽令不从"（《论语·子路》），把德行作为统治者获得民众支持的重要品质。孟子提出："惟仁者宜在高位。不仁而在高位，是播其恶于众也""尧舜之道，不以仁政，不能平治天下""三代之得天下也以为仁，其失天下也以不仁"（《孟子·离娄上》）。孟子所谓的"仁"，即为孔子所谓的"德"，仁德者得天下，失德者失天下，把德行与统治地位的内在逻辑关系清晰地勾勒出来。① 中国传统文化的一大特点就是推崇"德治"，而这一特点正是由齐鲁文化中的儒家思想重"德"而形成的。在齐鲁文化中，德是最重要的品质。当然，从助力国家发展的角度而言，人才仅仅有德是不够的，还应该具备才能。才能既包括能力，也包括实绩。齐国根据国家发展的需要，选拔有才能的人，根据实绩考核官员，是其中重要的表现。齐鲁文化中常常将德与才并列，比如孟子提出的"贤者在位，能者在职"（《孟子·公孙丑上》）。荀子认为"王者之论，无德不贵，无能不官"（《荀子·王制》），"论德而定等次，量能而授官"

---

① 仇赟:《选贤任能：治理之要》，中共中央党校出版社 2023 年版，第 65 页。

（《荀子·君道》）。墨家也是如此，墨子提出："古者圣贤之为政，列德而尚贤"（《墨子·尚贤》），他在选拔人才方面，提出"厚乎德行，辩乎言谈，博乎道术"（《墨子·尚贤》）的规范，把德行置于人才标准的首位。

基于这一历史传统，中国共产党提出并发展了"德才兼备"的干部标准。对于党的干部而言，所谓"德"，概括起来讲就是"忠诚、干净、担当"。"才"的内涵则随着时代发展的需要而逐步提高。陈云提出："考察一个干部的才和德，主要应看其在完成任务中的表现。"[①] 中国共产党提出"任人唯贤"干部路线的同时，也提出了"才德兼备"的选才标准。毛泽东在六届六中全会中指出："中国共产党是在一个几万万人的大民族中领导伟大革命斗争的党，没有多数才德兼备的领导干部，是不能完成其历史任务的。"[②] 新中国成立之后，毛泽东面对全新的历史发展阶段，向广大干部提出了"又红又专"的要求，丰富和发展了"德才兼备"的干部标准，为新中国干部队伍建设指明了方向。1980 年 8 月，邓小平在中共中央政治局扩大会议上，系统论述了干部"德才兼备"的要求，指出："陈云同志提出，我们选干部，要注意德才兼备。所谓德，最主要的，就是坚持社会主义道路和党的领导。在这个前提下，干部队伍要年轻化、知识化、专业化。"[③] 1982 年 1 月，邓小平从"德才

---

① 《陈云文选》第一卷，人民出版社 1995 年版，第 214 页。
② 《毛泽东选集》第二卷，人民出版社 1991 年版，第 526 页。
③ 《邓小平文选》第二卷，人民出版社 1994 年版，第 326 页。

资"三个方面阐释了"选贤任能"的内涵，指出："选人要选好，要选贤任能，选贤任能这个话就有德才资的问题。贤就是德，能无非是专业化、知识化，有实际经验"①，并进一步得出了"精简是革命，选贤任能也是革命"② 的论断。1992 年，邓小平在南方谈话中强调："要按照'革命化、年轻化、知识化、专业化'的标准，选拔德才兼备的人进班子。"③ 在改革开放和社会主义现代化建设的关键时期，邓小平将"德才兼备"的干部标准提升到关乎党和国家前途命运以及社会主义事业兴衰成败的高度，这不是简单的理论重申，而是基于对时代发展需求的精准洞察，对历史经验教训的深刻反思，为干部选拔任用树立了标杆。党的十二大以来，历届全国代表大会都坚定不移地秉持"德才兼备"的干部选任标准，党的十七届四中全会报告把"以德为先"加入"德才兼备"干部标准，这一重要补充不仅进一步强化了干部选拔的道德导向，也使党的干部路线和标准得到了更为坚实的巩固。党的十八大以来，以习近平同志为核心的党中央站在实现中华民族伟大复兴的战略高度，立足新时代党和国家事业发展全局，精准把握时代脉搏与干部队伍建设实际需求，在继承发扬优良传统的基础上，对德才兼备干部标准的内涵进行了深度拓展。习近平总书记在 2013 年全国组织工作会议上强调"各级党委及组织部门要坚持党管干部原则，

① 《邓小平文选》第二卷，人民出版社 1994 年版，第 400 页。
② 《邓小平文选》第二卷，人民出版社 1994 年版，第 401 页。
③ 《邓小平文选》第三卷，人民出版社 1993 年版，第 380 页。

坚持正确用人导向，坚持德才兼备、以德为先，努力做到选贤任能、用当其时，知人善任、人尽其才，把好干部及时发现出来、合理使用起来。"①2018 年 7 月，习近平总书记在全国组织工作会议上将"坚持德才兼备、以德为先、任人唯贤"纳入新时代党的组织路线重要内容。2019 年 10 月，党的十九届四中全会明确将"坚持德才兼备、选贤任能"作为我国国家制度和国家治理体系的显著优势之一。2021 年 11 月，党的十九届六中全会深入总结了中国特色社会主义新时代"坚持德才兼备、以德为先，坚持五湖四海、任人唯贤"的成就经验。在《努力造就一支忠诚干净担当的高素质干部队伍》一文中，习近平总书记指出，要"严把德才标准、德才兼备，方堪重任"②，并引用"德薄而位尊，知小而谋大，力小而任重，鲜不及矣"的古语来说明，选人用人重德才是治国理政的重要原则。

齐鲁文化中的"广泛揽才"与中国共产党"坚持五湖四海""不拘一格降人才"的选才方式。济济多士，乃成大业；人才蔚起，国运方兴。治理国家需要了解社会需要，因此干部需要来自社会的不同领域，"聚天下英才而用之"，方能筑强国之基。因此，选贤任能有时需要打破常规，不拘一格。孔子在人才选拔问题上主张不避贵贱，大胆举善用贤。他的弟子仲弓出身低微，但是有治国的出色才能，孔子便推荐他做了季氏的

---

① 《习近平著作选读》第一卷，人民出版社 2023 年版，第 137 页。

② 习近平：《努力造就一支忠诚干净担当的高素质干部队伍》，《求是》2019 年第 2 期。

家臣。孟子承袭这一思想，指出"国君进贤，如不得已，将使卑逾尊，疏逾戚。"（《孟子·梁惠王下》）国君进用人才，可以使地位低的超过地位高的，关系远的超过关系近的。荀子则主张举贤"内不可以阿子弟，外不可以隐远人"（《荀子·君道》），要"不恤亲疏"，"不恤贵贱"，"唯诚能之求"（《荀子·王霸》），提出了"贤能不待次而举，罢不能不待须而废"（《荀子·王制》），破格提拔人才的主张。墨家认为无论是大国还是小国，如果贤能之才多被合理任用，国家的治理成效就大，否则国家的治理成效就小。因此王公大人的要务就是要增加贤能的数量，扩大贤能的队伍。对于如何扩大贤能的队伍，墨家也主张人才不问出处。墨子强调的贤者不仅可以是中上层人士，也可以是下层民众，"虽在农与工肆之人，有能则举之。"（《墨子·尚贤》）无论是农民还是手工业者，只要有才能就应该予以重用，任人唯贤，不问出处。

在齐国发展的强盛时期，广泛揽才的思想得到了充分发扬。齐国为了招引各国贤才，制定了诸多措施，包括设"庭燎"之制吸引人才、派游士周游列国招求贤才、为人才自荐提供便利措施、赏赐推荐人才者等等。在选拔和使用人才时，齐国也突破了国别、出身、性别和年龄的限制。

从国别方面看，《管子》中非常明确地表现出齐国有为的政治家们对外国人才的开放姿态。齐国很多优秀的人才都来自外国。管仲、鲍叔牙出身楚国，宁戚出身卫国，陈完出身陈国，荀子出身赵国，他们都在齐国开放包容的人才政策下得以建功立业。从门第出身上看，诸多在齐国大放异彩，为齐国发展做出突出贡献的杰出人才，并非出身豪门贵族。管仲做过小商人，参过军，还曾经做过成阳狗盗这样不光彩的职业；田穰苴虽是田氏宗族后裔，但属于旁系，而且家境贫寒，出身低微，起初只是军队里的小头目；宁戚曾是牛贩子；邹忌只是布衣琴师；孙膑身有残疾；淳于髡是赘婿。然而，他们在齐国那些有远见卓识的统治者眼里却成为国之重宝，被委以重任。从性别方面看，在男尊女卑的社会中，齐宣王却能够采取无盐女的建议积极推行改革，使得齐国大治。从年龄方面看，无论什么年龄阶段的人都可以为国家发展建言献策，比如，齐桓公认真听取了愚公的意见，对执法草率、诉讼不明的问题进行了整顿。

在人才选拔与任用方面，中国共产党历来坚持五湖四海、唯才是举，重视人才的广泛性和多样性，反对拉山头、搞小圈子、小团体的不良作风。中国共产党自成立以来就重视选才的广泛性和多样性。在党的历史上，虽然曾经有过王明、张国焘搞宗派主义而导致革命严重受损的教训，但总体上，党内没有形成过强烈的派系斗争。毛泽东同志曾经指出，我们都是来自五湖四海，为了一个共同的革命目标，走到一起来了。在用人方面，毛泽东注重真才实学，不为文凭学历所束缚，大胆启用在革命中成长起来的杰出人才。在解放战争中，他对粟裕的任用就是不拘一格降人才的典范。此外，毛泽东在选人用人时反对论资排辈，大胆提拔年轻的杰出人才。毛泽东曾说:"赤壁之战程普四十多岁,周瑜二十多岁,程普虽是老将,不如周瑜能干。大敌当前,谁人挂帅?还是后起之秀周瑜挂了大都督的帅印……古时代可以破格用人,我们为什么不可以破格提拔?"① 邓小平曾语重心长地说:"小圈子那个东西害死人呐!很多失误就从这里出来,错误就从这里犯起。"② 他认为:"人才,只有大胆使用,才能培养出来。对那些真正有本事的人,要放手提拔,在工资级别上破格提高。招聘也是个办法。我们要开一条路出来,让有才能的人很快成长,不要老是把人才卡住。"③ "必须打破常规去发现、选拔和培养杰出的人才。"④ 并直言,论资排辈是一种习惯势力,是一种落后的习惯势力。习近平总书记指出,要择天下英才而用之,要在全社会大兴识才、爱才、敬才、用才之风。要强化不拘一格选拔人才的意识,冲破论资排辈陈腐观念的束缚,把那些政治素质过硬、政绩突出、群众公认、有发展潜力的优秀年轻干部,适时地选拔到重要岗位上来。"对有培养前途的优秀年轻干部,要不拘一格大胆使用。"⑤ 党的十八大以来,各地大力选拔培养年轻干部,一大批优秀年轻干部进入领导班子,有效改善了干部队伍结构,为党和国家事业发展注入新的生机活力。习近平总

① 吴继金:《毛泽东任用干部的艺术》,《学习时报》2019年5月6日。
② 《邓小平文选》第三卷,人民出版社1993年版,第301页。
③ 《邓小平文选》第三卷,人民出版社1993年版,第17—18页。
④ 《邓小平文选》第二卷,人民出版社1994年版,第95页。
⑤ 习近平:《在全国组织工作会议上的讲话》,人民出版社2018年版,第33页。

书记指出："党和人民事业要不断发展，就要把各方面人才更好使用起来，聚天下英才而用之。我们要以识才的慧眼、爱才的诚意、用才的胆识、容才的雅量、聚才的良方，广开进贤之路，把党内和党外、国内和国外等各方面优秀人才吸引过来、凝聚起来，努力形成人人渴望成才、人人努力成才、人人皆可成才、人人尽展其才的良好局面。"[1] 党的十九大报告中，明确提出"坚持五湖四海、任人唯贤"。新时代，为了全方位、多层次地发掘人才，在选人视野和渠道拓展上开展了一系列具有前瞻性和创新性的探索。2018 年 7 月，习近平总书记在全国组织工作会议上强调："要打开视野、不拘一格，坚持干部工作一盘棋，除了党政机关，还要注重从国有企业、高等学校、科研院所等各个领域各条战线选拔优秀人才。人选来源渠道拓宽了，更有利于好中选优，优中选强。"[2]《2019—2023 年全国党政领导班子建设规划纲要》明确提出"注意从企事业单位和社会组织中选拔党政领导干部"，2019 年修订的《党政领导干部选拔任用工作条例》明确提出"注意从企业、高等学校、科研院所等单位以及社会组织中发现选拔"党政领导干部。

　　齐鲁文化中的"量才而用"与中国共产党"以事择人"的用人原则相契合。选拔任用干部最重要的是人岗相适。从齐鲁文化中的"量才而用"到中国共产党"以事择人"的用人原

---

①　《习近平谈治国理政》第二卷，外文出版社 2017 年版，第 41 页。

②　习近平：《在全国组织工作会议上的讲话》，人民出版社 2018 年版，第 21 页。

则，都体现了这一点。姜太公强调用人要"实名相当"；管子强调用人要德当其位、禄当其功、能当其官；孔子不仅注重因材施教，同时也注重因材施用；墨子主张"能谈辩者谈辩，能说书者说书，能从事者从事"（《墨子·耕柱》），根据弟子"谈辩""说书""从事"等各自不同的能力，使"谈辩"者游说从政，"说书"者传播学说，"从事"者或生产或百工，各人都根据自己所擅长的能力从事相应的工作。荀子主张用人要"量能而授官"，可见量才而用是齐鲁思想家们在选才用才方面达成的共识。这一认识同样在中国历史中得以传承，中国共产党的"以事择人"的用人原则是这一认识的现代发展。

1949 年上海解放后，一些不法商人和投机资本大肆敛财，利用"两白一黑"哄抬物价，严重扰乱市场秩序。为了稳定经济秩序，毛泽东派党内最懂经济的陈云到上海，顺利解决危机，赢得金融战争的胜利。新中国成立初期，为了创造良好的外部环境，任命擅长外交工作的周恩来总理兼任第一任外交部长，为新中国赢得了更多国家的支持，也树立了新中国在国际上的地位。

习近平总书记指出："用人得当，就要科学合理使用干部，也就是说要用当其时、用其所长"，"用什么人、用在什么岗位，一定要从工作需要出发，以事择人。"[①]2019 年修订后的《党政领导干部选拔任用工作条例》总则明确指出选拔任用党

① 《习近平谈治国理政》第一卷，外文出版社 2018 年版，第 419 页。

政领导干部必须坚持的原则之一即为"事业为上、人岗相适、人事相宜"。

齐鲁文化中的"百年树人"与中国共产党的人才培养模式。管子说："得人之道，莫如利之；利之道，莫如教之。"（《管子·五辅》）人才的成长离不开环境，好的环境对人才成长和发展有促进作用，稷下学宫提供了良好的示范。习近平总书记指出，领导很重要的责任，就是为人才的成长创造环境、创造机会，使他们有用武之地。中国共产党重视为人才培养提供条件、营造环境，每年都通过组织培训和上派下挂的途径为干部提供学习机会，以增长干部的实践经验，提高干部的能力。

干部选拔和任用是关系国家治乱兴衰的关键，从这个角度讲选贤任能是执政的根本大事。以齐鲁文化为代表的中华优秀传统文化蕴含着丰富的选贤任能思想。中国共产党不仅坚持选贤任能，而且不断坚持创造性转化和创新性发展，根据时代发展对选贤任能的标准提出新的要求。党的二十届三中全会提出了最新的干部人事制度改革要求，要深化干部人事制度改革，鲜明树立选人用人正确导向，大力选拔政治过硬、敢于担当、锐意改革、实绩突出、清正廉洁的干部，着力解决干部乱作为、不作为、不敢为、不善为问题。树立和践行正确政绩观，健全有效防范和纠治政绩观偏差工作机制。落实"三个区分开来"，激励干部开拓进取、干事创业。推进领导干部能上能下常态化，加大调整不适宜担任现职干部力度。健全常态化培训特别是基本培训机制，强化专业训练和实践锻炼，全面提高干部现代化建设能力。完善和落实领导干部任期制，健全领导班子主要负责人变动交接制度。这是当前和今后一段时期选贤任能的重要标准。

在习近平总书记系列重要指示精神指引下，大力发现人才、培养使用人才，让各类人才的创造活力竞相迸发、聪明才智充分涌流，必将让人才优势转化为发展优势，为新时代治国理政提供坚强的人才支撑和智慧保障。同时，中国选贤任能用人制度的重要价值和优势被越来越多的外国学者和政治界人士所认可，已成为具有全球贡献的中国智慧。

参 考 文 献

《毛泽东选集》第二卷，人民出版社 1991 年版。

《邓小平文选》第二卷，人民出版社 1994 年版。

《邓小平文选》第三卷，人民出版社 1993 年版。

《陈云文选》第一卷，人民出版社 1995 年版。

《习近平谈治国理政》第一卷，外文出版社 2018 年版。

《习近平谈治国理政》第三卷，外文出版社 2020 年版。

《习近平著作选读》第一卷，人民出版社 2023 年版。

叶忠海：《人才学概论》，湖南人民出版社 1983 年版。

雷祯孝：《中国人才思想史》（先秦卷），中国展望出版社 1986年版。

李新泰主编：《齐文化大观》，中共中央党校出版社 1992 年版。

颜顺孝编著：《用人之道》，新疆人民出版社 1993 年版。

朱耀廷：《中国古代人才观》，新华出版社 1993 年版。

安作璋：《山东通史·先秦卷》，山东人民出版社 1993 年版。

王志民：《齐文化概论》，山东人民出版社 1993 年版。

郭克煜等：《鲁国史》，人民出版社 1994 年版。

顾振权：《中国古代诸子人才思想研究》，江苏人民出版社 1996

年版。

程有为：《中国古代人才思想史》，中州古籍出版社 1996 年版。

郭墨兰：《齐鲁文化》，华艺出版社 1997 年版。

中华文化通志编委会编：《中华文化通志·齐鲁文化志》，上海人民出版社 1998 年版。

（清）金缨：《格言联璧》，伊犁人民出版社 1999 年版。

安作璋、王志民：《齐鲁文化通史》，中华书局 2004 年版。

杨朝明、王青：《鲁国历史与鲁国文化》，齐鲁书社 2005 年版。

齐秀玉主编：《举贤尚功——齐国官制与用人思想研究》，齐鲁书社 2005 年版。

高尚社、耿相魁：《历代政治思想家的人才战略》，中国文联出版社 2005 年版。

多吉才林：《古今中外领导者成事兴业的关键在于选贤任能》，云南人民出版社 2008 年版。

仝晰刚、李梅训主编：《齐鲁文化通俗读本》，山东人民出版社 2011 年版。

朱耀廷、李树喜：《中国人才史纲》，北京大学出版社 2012 年版。

孙中山：《志节者万世之业 孙中山励志文选》，中华工商联合出版社 2015 年版。

卞朝宁：《〈论语〉人物评传》，江苏人民出版社 2015 年版。

［加］贝淡宁：《贤能政治》，吴万伟、宋冰译，中信出版社 2016 年版。

刘怀荣、魏学宝、李伟：《以文化人：齐鲁文化与中国人文智慧》，山东人民出版社 2017 年版。

余兴安、类成普：《中国古代人才思想源流》，党建读物出版社 2017 年版。

淄川区齐文化研究社、临淄区齐文化研究中心编：《齐文化理念·美德·精神》，齐鲁书社 2017 年版。

（清）康熙撰，王翠菊、范英梅评注：《庭训格言全鉴》，中国纺织出版社 2017 年版。

张宇声主编：《齐文化人才资料汇编》，齐鲁书社 2018 年版。

童书业：《春秋史》，上海人民出版社 2019 年版。

杨宽：《战国史》，上海人民出版社 2019 年版。

钟海连、黄永锋：《贤文化经典选编释读》，九州出版社 2020 年版。

曾向东、钟海连主编：《中国传统智慧与企业社会责任》，东南大学出版社 2021 年版。

宋玉顺：《齐文化与新时代》，山东齐鲁音像出版有限公司 2021 年版。

曾向东、钟海连主编：《中国传统智慧与企业社会责任》，东南大学出版社 2021 年版。

聂菲璘编著：《任人唯贤，选贤与能——中国的选人用人制度》，外文出版社 2022 年版。

仇赟：《选贤任能：治理之要》，中共中央党校出版社 2023 年版。

白奚：《稷下学研究：中国古代的思想自由与百家争鸣》，崇文书局 2023 年版。

常校珍：《孟子的人才观》，《齐鲁学刊》1984 年第 5 期。

张祥皓：《晏子人才思想评述》，《管子学刊》1988 年第 3 期。

刘冠生：《荀子的尚贤使能思想》，《管子学刊》1996 年第 4 期。

王恩来：《孔子人才思想述论》，《孔子研究》1998 年第 1 期。

钱维道：《试论先秦儒家贤人治国思想》，《安徽大学学报》1998 年第 4 期。

周书灿、陈晓东：《战国时期中央与地方关系简论》，《历史教学》2000 年第 12 期。

吴雪玲：《〈管子〉人才思想简析》，《管子学刊》2001 年第 1 期。

齐秀生：《先秦官吏考核制度考述》，《烟台大学学报（哲学社会科学版）》2005 年第 1 期。

耿相魁：《孔子的人才思想及其历史影响》，《浙江海洋学院学报（人文科学版）》2008 年第 2 期。

张杰、徐加富：《论春秋战国时期齐国的人才观》，《管子学刊》2008 年第 2 期。

侯建良、刘玉华：《古代用人标准：才德兼备，以德为先》，《人才资源开发》2016 年第 2 期。

刘良海：《论先秦儒家的尊贤思想》，《东岳论丛》2019 年第 2 期。

张荣荣：《亲亲与尊贤：孔子仁爱思想的两重形态》，《济宁学院学报》2022 年第 1 期。

马莹：《墨子"尚贤"思想对当代领导干部选用人才的启示》，《领导科学论坛》2022 年第 1 期。

刘余莉：《领导者如何慎择左右》，《中国领导科学》2021 年第

4 期。

刘余莉:《天人合一:人与自然和谐发展》,《月读》2023 年第
5 期。

吴继金:《毛泽东任用干部的艺术》,《学习时报》2019 年 5 月
6 日。

唐超:《先秦儒家人才思想研究》,河南大学 2002 年硕士学位
论文。

薛金东:《〈墨子〉人才思想谈论》,兰州大学 2007 年硕士学位
论文。

时海静:《春秋战国时期齐鲁两国人才研究》,华中师范大学
2011 年硕士学位论文。

尹娇:《中华传统文化核心范畴"贤"的语义分析及文化阐
释》,福建师范大学 2012 年硕士学位论文。

张芹:《略论春秋时期鲁国公臣制度》,东北师范大学 2012 年
硕士学位论文。

马振:《先秦官吏考核制度演变探析》,渤海大学 2013 年硕士
学位论文。

周军:《先秦儒家与墨家尚贤思想比较研究》,哈尔滨工业大学
2021 年硕士学位论文。